Dämonen unter uns?

verlags
gruppe
engagement

Weltanschauungen im Gespräch
Band 15

Herausgegeben von
Otto Bischofberger, Joachim Finger,
Joachim Müller, Georg Schmid

im Auftrag der
Ökumenischen Arbeitsgruppe
«Neue religiöse Bewegungen in der Schweiz»

Dämonen unter uns?

Exorzismus heute

Herausgegeben von Joachim Müller

Beiträge von
Franz Annen – Theo Glantz – Walter J. Hollenweger –
Rudolf Mahler – Johannes Mischo – Joachim Müller –
Georg Schmid – Dieter Sträuli

Paulusverlag Freiburg Schweiz

Die Deutsche Bibliothek – CIP-Einheitsaufnahme

Dämonen unter uns?: Exorzismus heute / hrsg. von Joachim
Müller. Beitr. von Franz Annen ... – Freiburg, Schweiz:
Paulusverl., 1997
  (Weltanschauungen im Gespräch; Bd. 15)
  ISBN 3-7228-0412-4
NE: Müller, Joachim [Hrsg.]; Annen, Franz; GT

© 1997 Paulusverlag Freiburg Schweiz
Umschlaggestaltung: Peter Kunz, Zürich
ISBN 3-7228-0412-4

Inhalt

Vorwort

Joachim Müller

«Einst war die Welt von Millionen von geistigen Kräften erfüllt. Mit den hellen mußten sich die mythen- und mär-
chengläubigen Vorfahren verbinden. Zu den dunklen ging
man(n) oder frau auf Distanz.

Wenn nötig mußten die Kräfte der Finsternis verjagt werden. Denn sie wollten partout in den Menschen eindringen.
Dämonen – das war unter ihnen ein ungeschriebenes Gesetz –
wohnten nirgends so behaglich und so luxuriös wie im Geist
und im Körper des Menschen.

Exorzisten versuchten, ihnen diese schreckliche Vorliebe
abzugewöhnen und sie dorthin zu verjagen, wo sie hingehör-
ten, in die dunklen Abgründe einer an Abgründen überrei-
chen Welt.»

All dies klingt wie ein Märchen aus uralten Zeiten. Was
aber, wenn scheinbar aufgeklärte Zeitgenossen in die
Erfahrungen der mythengläubigen Vorfahren zurückfal-
len? Wenn in alten geheimnisvollen Winkeln der Welt
wieder Engel und ihre dunklen Gegenspieler, Dämonen,
erahnt oder gar gesucht werden? Und wenn die Dämonen – sich an ihre alten Präferenzen erinnernd – wieder
Menschen bedrängen und mit Gewalt und List in sie
eindringen möchten?

Verweisen wir alle entsprechenden Nöte und dunklen
Erfahrungen der Zeitgenossen ins Reich der Märchen

und der mißverstandenen Zwänge? Oder müssen wir – Aufklärung hin oder her – in den Nöten der Gegenwart wieder zu Exorzisten werden? So ist eine Tatsache, daß täglich – bei uns oder anderswo – Dämonen und Geister ausgetrieben werden – mit oder ohne Erfolg, mit großer oder weniger großer Fachkompetenz. Handelt es sich hierbei um eine religiöse Subkultur, um eine subjektive oder kollektive Regression in einen archaischen Bewußtseinszustand der Menschheit oder um einen ernst zu nehmenden Bereich (christlich-) theologischer Praxis?

Diese und andere Fragen in einem angemessenen Rahmen zu diskutieren sowie mögliche Klärungen herbeizuführen war – angeregt von Pfarrer Dr. Sieber auf Grund bestimmter Vorfälle in christlichen Gemeinden im Kanton Zürich – das Ziel einer interdisziplinären und interkonfessionellen Arbeitsgruppe. Die Mitglieder kamen sowohl von der Seite der Befürworter einer «angemessenen» Exorzismuspraxis als auch aus den Kreisen deutlicher Kritiker. Das vordringliche Anliegen dieser Arbeitsgruppe war, eine von theologischer wie von therapeutischer Seite vertretbare Sprache zu finden, in welcher eine konstruktive Begegnung und ein erfolgversprechender Meinungsaustausch stattfinden konnte.

Als Etappenziel wurde eine Tagung am 29. Januar 1996 in Zürich realisiert. An ihr kamen Referenten aus der evangelischen-reformierten und der römisch-katholischen Landeskirchen und freikirchlicher Gemeinden zu Wort. Ebenso wurde ein Diskussionsforum für praxisorientierte Seelsorgerinnen und Seelsorger, Therapeutinnen und Therapeuten geboten. Die zahlreichen Tagungsgäste dokumentierten die Aktualität dieses Anlasses und das In-

formationsbedürfnis; die rege Teilnahme am Podiums-
gespräch zeigte jedoch auch den unterschiedlichen, po-
larisierenden Erfahrungshintergrund der Besucher, der
nicht selten im Gegensatz zu den differenzierten wie
vorsichtigen Äußerungen der Fachreferenten stand.

Im vorliegenden Buch wird – ergänzt durch zusätzliche Artikel – in überarbeiteter und erweiterter Form
ein Teil der Referate und Statements veröffentlicht. Damit soll bei Fachleuten und Laien die begonnene
Diskussion weitergeführt werden.

Der Exorzismus aus neutestamentlicher Sicht

Franz Annen

Ich bin kein «Theologe und Seelsorger mit Exorzismus-erfahrungen». Ich bin zwar katholischer Theologe und Priester und durchaus auch Seelsorger. Aber ich habe noch nie einen Exorzismus vorgenommen und würde es auch nie tun, obwohl unsere Kirche dieses Ritual grundsätzlich auch heute noch kennt und in seltenen Fällen anwendet. Die Kompetenz der persönlichen Erfahrung geht mir also ab. Ich bin vielmehr Exeget neutestamentlicher Richtung. Ich habe vor gut 20 Jahren eine Doktor-Dissertation über die Perikope Mk 5,1–20 fertiggestellt, wo berichtet wird, wie Jesus einen besessenen Gerasener heilt und seine Dämonen in 2000 Schweine bannt. Seither habe ich versucht, die ganze Problematik um Teufel, Dämonen und Exorzismen, soweit sie das Neue Testament betrifft, etwas im Auge zu behalten. Und aus dieser Perspektive möchte ich versuchen, etwas zum Thema beizutragen.

1. Definitionen

Wovon reden wir eigentlich, wenn wir vom Exorzismus im NT sprechen? Nicht jede Erklärung einer Krankheit durch dämonischen Einfluß ist schon Besessenheit. Und nicht jede Heilung mit magischen oder dämonologischen Mitteln ist Exorzismus.

- *Besessenheit* meint im NT den Zustand eines Menschen, von dem ein böser Geist derart Besitz ergriffen hat, daß nicht mehr der Mensch selber spricht und handelt. Der Besessene ist nicht mehr Herr seiner selbst. In ihm und aus ihm spricht und handelt der Dämon.
- Der *Exorzismus* ist die Heilungsmethode, die der Besessenheit im beschriebenen Sinn entspricht: Der böse Geist, der vom Menschen Besitz ergriffen und sozusagen seine Persönlichkeit ersetzt hat, wird ausgetrieben und so der Mensch wieder «zu sich» gebracht.

Besessenheit und Exorzismus rechnen also mit personalen bösen Mächten, die im Menschen wohnen und wirken können und die der Exorzist auszutreiben sucht.

2. Der Befund im Neuen Testament

Vorauszuschicken ist, daß nur in *einer* Schriftengruppe des NT von Besessenen und Exorzismen die Rede ist, nämlich bei den *Synoptikern* (Mt, Mk, Lk samt Apg). Hingegen sprechen weder die paulinischen noch die johanneischen oder übrigen Schriften des NT davon. Das

12

macht deutlich, daß man offenbar die Botschaft Christi bezeugen kann, ohne von Besessenheit und Exorzismus zu sprechen. Paulus und die johanneischen Schriften jedenfalls können es; und sie sind ja sicher hochqualifizierte Zeugen. Es kam offenbar schon damals auf das kulturelle Milieu des Verfassers wie der Adressaten an, welches Gewicht man diesen Dingen beimaß.

Bei den Synoptikern freilich sind die *Exorzismen Jesu* sehr wichtig, besonders im Markusevangelium. Vier Exorzismen werden ausführlich erzählt:

- Die Heilung eines Besessenen am Sabbat in der Synagoge von Kafarnaum (Mk 1,21–28 par);
- die Heilung eines Besessenen im Land der Gerasener (Mk 5,1–20 parr);
- die Fernheilung der besessenen Tochter einer Phönizierin (Mk 7,24–30 par);
- die Heilung eines Jungen, den wir heute vermutlich als Epileptiker ansehen würden (Mk 9,14–29 parr).

Dazu erwähnt Mt an zwei Stellen (9,32–34; 12,22–23) in einer kurzen Notiz die Heilung von stummen und blinden Besessenen. In den zusammenfassenden, summarischen Berichten über das Wirken Jesu, die sich in den synoptischen Evangelien da und dort finden (Mk 1,32–34 parr; 3,7–12 parr; Lk 7,21; 8,1–3), werden die Exorzismen jeweils besonders hervorgehoben. Das ist ein deutliches Zeichen dafür, daß sie den Evangelisten sehr wichtig ist.

Die Phänomene der Besessenheit, wie sie in den Evangelien beschrieben werden, sind in den einzelnen Fällen recht verschieden. Sie betonen einerseits das außerordentliche Wissen der Dämonen in bezug auf die Identität Jesu (Mk 1,24.34 par; 3,11–12 par), besonders aber ihre zerstörerische Macht, die sich vor allem gegen die Besessenen selbst richtet (vgl. bes. Mk 5,3–5 parr; 9,18.20.22 parr). Manchmal ist die Besessenheit mit einer Behinderung verbunden (Stummheit in Mk 9,17; Mt 9,32; 12,22 par; Blindheit in Mt 12,22).

Obwohl die Synoptiker zwischen Besessenheit und Krankheit unterscheiden, wird doch beides eng zusammen gesehen und beides der heilenden Tätigkeit Jesu zugeordnet (vgl. die Sammelberichte). Besonders Mt spricht mehrmals von der «Heilung» Besessener (vgl. 12,22; 17,16.18). Aber deutlicher als die Krankenheilungen machen die Exorzismen *die Macht Jesu* transparent. Das wird in den entsprechenden Erzählungen sehr akzentuiert. Dem dient schon die zum Teil furchterregende Schilderung des Zustandes der Besessenen, vor allem aber die Leichtigkeit, mit der Jesus die Dämonen austreibt. In der Umwelt des NT brauchte man dafür komplizierte Beschwörungsrituale. Beim synoptischen Jesus spielt das alles keine Rolle. Der Fachausdruck «exorkizein», d. h. «beschwören», kommt interessanterweise für Jesus nie vor. Er «befiehlt» den Dämonen ganz einfach (Mk 1,25.27; 3,12; 9,25 u. ö.). In Mt 8,16 wird ausdrücklich festgestellt: «Er trieb mit seinem Wort die Geister aus.» Sogar seine bloße Gegenwart macht den Dämonen bereits klar, daß sie ausgespielt haben (Mk 1,24; 5,7–12). Wie sehr die Macht Jesu über die Dämonen in seiner Umgebung Anerkennung findet, wird auch daraus deutlich, daß von Exorzisten berichtet wird, die nicht zu den Anhängern Jesu gehören, aber in seinem Namen Dämonen austreiben (Mk 9,38 par; Apg 19,13–16).

Wie Jesus nach den synoptischen Evangelien seine

Exorzismen *versteht*, wird im «Beelzebulgespräch» (Mk 3,22–30 parr) ausdrücklich erörtert. Die Schriftgelehrten machen Jesus den Vorwurf, er sei *selbst* besessen (vgl. denselben Vorwurf an Johannes den Täufer in Mt 11,18 par). Seine Macht über die Dämonen beweise, daß er mit Satan, dem Anführer der Dämonen, im Bunde stehe. Jesus zeigt ihnen aber auf, wie unsinnig ihre Argumentation ist. Dann würde ja Satan seine eigene Macht bekämpfen. Vielmehr sei Jesus stärker als der Satan; darum könne er ihn und seine Dämonen besiegen. «Wenn ich aber die Dämonen durch den Geist Gottes austreibe, dann ist das Reich Gottes schon zu euch gekommen» (Mt 12,28). *Das ist die Botschaft der Exorzismen Jesu im NT: Sie sind Ausdruck der heilenden Macht Jesu, seiner Überlegenheit über die bösen Mächte aller Art, die den Menschen verderben und zerstören. Jesus besiegt sie und setzt damit ein Zeichen, daß das Reich Gottes gekommen ist.*

Es ist noch eine Ergänzung zu machen, die gerade im Hinblick auf unser Thema von Bedeutung ist: In den synoptischen Evangelien gibt Jesu *auch seinen Jüngern* den Auftrag und die Vollmacht, Dämonen auszutreiben (Mk 3,15 par; 6,7.13 parr). Sie sollen Jesu heilende Tätigkeit und seinen Kampf gegen das Böse weiterführen und erhalten dafür die entsprechende Vollmacht. Auch sie können also die Mächte des Bösen im Namen Jesu besiegen. Die Exorzismen im Namen Jesu gehören zu den Zeichen, die gemäß dem Schluß des Markusevangeliums (16,7; vgl. auch Mt 17,19–20) den Glaubenden folgen werden. Und die Apostelgeschichte berichtet, wie sich diese Beauftragung und Verheißung in der Wirksamkeit der Apostel (Apg 5,16) und urchristlicher Missionare (Philippus in Apg 8,7 und Paulus in Apg 19,12) erfüllt.

3. Das NT und seine Umwelt

Es ist nun wichtig zu sehen, wie sich die neutestamentlichen Anschauungen über dämonische Wirksamkeit und auch die Exorzismus-Erzählungen des NT zur damaligen Umwelt verhalten.

Zunächst einmal ist festzustellen, daß *der Dämonenglaube als etwas Selbstverständliches* zum antiken Weltbild gehörte. Wenn man absieht von wenigen hochgebildeten Denkern, sah der antike Mensch seine Welt und sein Leben bestimmt von guten und bösen Mächten aller Art, die man sich personal dachte. Wo in der Welt und im Leben des Menschen Unerklärliches geschah, sei es ein Erdbeben oder auch nur ein plötzliches Fieber, sah man irgendwelche übermenschlichen Wesen dahinter. Daß nicht zuletzt psychische Erkrankungen so gesehen wurden, versteht sich. Kenner sind sich einig, daß in besonders ausgeprägter Weise um die Zeitenwende, in der das NT entstand, im Mittelmeerraum der Dämonenglaube einen großen Aufschwung nahm. Übrigens waren gerade die Römer außerordentlich ängstlich, was Dämonen und auch sonstigen Aberglauben betrifft. Interessant ist auch, daß die Juden, neben den mesopotamischen «Chaldäern», als besondere Autoritäten auf exorzistischem Gebiet galten.

Wer sich eingehender mit der Thematik abgibt, stellt staunend fest, daß der Dämonenglaube in der antiken Welt mehr als andere Aspekte des religiösen Bereichs einen internationalen, oder besser *interkulturellen und interreligiösen Charakter* hatte. Nicht nur der Glaube an Dämonen überhaupt war praktisch universal. Auch die Ansichten über die Dämonen im einzelnen und die Rezepte und Rituale, mit denen man ihnen beizukommen suchte, glichen sich zwischen den einzelnen Religionen und Kulturen sehr stark. So hausten die Dämonen z. B. überall gerne in der Wüste oder auf Friedhöfen. So war es überall sehr wichtig, den Namen des Dämons herauszufinden, um Macht über ihn zu erlangen. Ägyptische Exorzisten riefen neben ihren ägyptischen auch griechische Götter, aber auch Jahwe als starke Autoritäten gegen die Dämonen an. Wenn man die Anschauungen über Dämonen und Exorzismus der verschiedenen antiken Kulturen studiert, hat man wirklich den Eindruck, daß das keine Fragen der Religion waren, sondern zum selbstverständlichen gemeinsamen Überzeugungsbestand der damaligen Menschen gehörte, religiös ähnlich neutral wie heute die Verursachung von Krankheiten durch Viren und Bazillen, nur eben mit dem Unterschied, daß man heute über Viren und Bazillen mehr weiß und eher rational damit umgehen kann.

Das NT ist in dieser Welt entstanden und *hat an diesem Weltbild ganz selbstverständlichen Anteil*. Es setzt voraus, daß böse Geister unheilvoll in das Leben der Menschen eingreifen können, auch in der Form, daß Menschen zu Besessenen werden. Diese Dämonen sind Teil eines Reiches des Bösen, daß gegen Gottes Heilsplan und zum Verderben der Menschen wirkt. Als Chef dieses Reiches wird Satan bzw. der Teufel angesehen. Darüber hinaus stellt das NT im Gegensatz zu vielen

Werken jüdischer oder anderer Provenienz keine Spekulationen darüber an, woher die Dämonen kommen, welchen Wesens sie sind, wie sie genau organisiert sind, mit welchen Praktiken man ihnen am besten beikommt usw.

Das alles ist dem NT offenbar nicht wichtig, gehört nicht zu seiner Botschaft. *Das einzige, was dem NT wirklich wichtig ist: Jesus ist der Sieger über diese gott- und menschenfeindlichen Mächte.* Er befreit die Menschen von der Tyrannei des Bösen, die sich für den antiken – jüdischen und heidnischen – Menschen u. a. auch in der Form der Besessenheit manifestierte.

Es ist *historisch* übrigens durchaus wahrscheinlich, daß Jesus tatsächlich als Exorzist gewirkt hat. Wir wissen aus der Literatur dieser Zeit, daß er damit nicht allein war. Exorzisten gab es in größerer Zahl. Und, wie gesagt, galten die Juden da als besonders tüchtig. Was ihn äußerlich von den anderen uns bekannten Exorzisten seiner Zeit unterscheidet, ist einzig, daß er nach neutestamentlicher Darstellung nicht auf die Einhaltung von exorzistischen Ritualen, auf die Anrufung von starken Autoritäten und auf langes Ringen mit den dämonischen Mächten angewiesen ist. Er ist so fraglos der Überlegene, daß er die Dämonen schon durch seine Gegenwart in Schrecken versetzt (Mk 1,14; 5,7) und ihnen nach Belieben befehlen kann. *Das* ist die Botschaft des NT und eigentlich das Einzige, was das NT an den Dämonen interessiert: der Sieg Jesu über die bösen Mächte jeder Art. Und nur *das* gehört vom NT her zum Kernbestand christlichen Glaubens. Alles andere ist kulturbedingt und eine Frage des Weltbildes.

4. *Folgerungen aus dem NT*

Was ergibt sich aus diesem kurzen Blick auf das NT für unser Thema und für die heutige Problematik rund um den Exorzismus?

a) Das NT – und folglich auch ein christlicher Glaube, der sich auf das NT stützt – hat *kein Interesse an Spekulationen* über Herkunft, Wesen, Organisation, Wirkungsweisen, Zuständigkeiten, Namen etc. der dämonischen Mächte. Das entspricht allenfalls menschlicher Einbildungskraft und Phantasie, manchmal auch krankhafter Phantasie (vgl. etwa den «Hexenhammer» von H. Institoris und J. Sprenger von 1487!). Aber mit christlichem Glauben hat das alles nichts zu tun.

b) *Magische Praktiken* im Zusammenhang mit Exorzismen sind mit der neutestamentlichen Botschaft überholt. Das gilt auch für das Erfragen von Dämonennamen und die Auseinandersetzung mit den Dämonen in Form eines Kampfes, wie es in Exorzismen bis heute vorkommt. Leider sind das Praktiken, die von der Kirche und ihren Exorzisten selber geübt wurden und vielleicht da oder dort noch geübt werden. Daß das auch psychologisch gefährlich ist, wissen wir heute besser als früher. Jesus konnte einfach befehlen. Was die Jünger betrifft, spricht das NT nur vom «Gebet» (Mk 9,29), das böse Geister vertreiben kann. Alles andere ist Aberglaube.

c) Ganz besonders aber ist jede *Angstmacherei* mit Dämonen und Exorzismen zutiefst unchristlich und der Grundbotschaft des NT diametral entgegengesetzt.

Wenn man Berichte von Exorzismen aus unserer Zeit liest, fällt ja ganz besonders die zwanghafte Atmosphäre der Angst auf, die alles beherrscht. Dabei ist es die Hauptaussage des NT in bezug auf die Dämonen, daß Jesus sie besiegt und uns aus der Versklavung durch die bösen Mächte befreit hat.

d) Als heutige Menschen mögen wir Besessenheit unter die psychischen Erkrankungen zählen. Das ist uns heute auch als Christen unbenommen. Die psychologische und eine eventuelle religiöse Erklärung der Krankheitsphänomene liegen ohnehin auf verschiedenen Ebenen, die sich gegenseitig nicht ausschließen. Aber auf jeden Fall erinnern uns die Exorzismen im NT, und auch die ganze Geschichte des Exorzismus seither, daran, *daß Krankheit, nicht zuletzt psychische Erkrankung, für einen glaubenden Menschen auch mit seinem Glauben zu tun hat.* Die Medizin, nicht zuletzt die Psychiatrie, ist sich heute ja deutlicher als früher bewußt, daß der Mensch eine Ganzheit ist. Darum hat neben dem Arzt und Psychiater auch der Seelsorger am Krankenbett seinen Platz. Und das heilende Wirken, das die Kirche von Christus her als ihren Auftrag versteht, ist hier gefragt. Auch das Gebet mit dem Kranken und für den Kranken ist für einen glaubenden Menschen wichtig. Aber es darf m. E. heute nicht mehr die Form des Exorzismus haben, auch nicht bei psychisch Kranken mit Phänomenen, die man traditionellerweise als Besessenheit deuten kann. Wir wissen heute einfach zu viel über die psychischen Gefahren, die mit dem Exorzismus verbunden sind. Die Kraft des Gebetes hängt für einen gläubigen Menschen ja nicht davon ab, wie dramatisch es vorgetragen wird. Aber damit habe ich schon mehr gesagt, als dem Neutestament-ler eigentlich zusteht.

Exorzismus in Seelsorge und Psychotherapie – Dämonenglaube, Multiple Persönlichkeit und Repressed Memory Syndrome als Prüfsteine echten Therapierens

Dieter Sträuli

Im folgenden Beitrag soll die Frage diskutiert werden, ob aus rein psychotherapeutischer Sicht die Praxis des Exorzismus leidenden Menschen zu helfen vermag, oder ob diese Praxis im Gegenteil Gefahren birgt, die grundsätzlich von ihrer Anwendung abraten lassen.

Das Feld der Psychotherapie ist mittlerweile ein sehr komplexes geworden und der Exorzismus parallel dazu wahrscheinlich ein in sehr unterschiedlicher Form auftretendes Verfahren, so daß die Antwort auf die oben gestellte Frage nicht ein einfaches Ja oder Nein sein kann. Ein Vergleich der beiden Verfahren wird es vielleicht erlauben, einer Antwort wenigstens näherzukommen.

Der *Exorzismus* geht davon aus, daß Menschen zeitweilig oder dauerhaft von Dämonen, Teufeln oder von Satan selbst besessen sein können. Diese bösen Geister steuern das Verhalten der Besessenen und lassen sie Dinge tun und sagen, die sie ohne ihre Besessenheit nie tun oder sagen würden. Der Exorzist verfügt über das spezielle Wissen und die besondere Technik, mit Gottes

Hilfe die ungebetenen Gäste aus dem Besessenen auszutreiben und ihn so wieder sich selbst werden zu lassen. Soweit die Annahmen.

Die *Psychotherapie* läßt sich interessanterweise ganz ähnlich beschreiben: Bestimmte Dispositionen (Erbanlagen, Geburtsschäden) oder Erlebnisse in der Lebensgeschichte eines Menschen verursachen bei ihm Leiden bzw. psychische Störungen. Diese Leiden kann der Psychotherapeut mit Hilfe psychotherapeutischer Techniken heilen oder zumindest lindern.

Die Krankheit benennen

Bei einer derart vereinfachten Darstellung der beiden Methoden scheint der Unterschied zwischen ihnen vor allem darin zu liegen, daß das Leiden im einen Fall als «Besessenheit», im andern als «psychische Störung» oder so ähnlich bezeichnet wird. Nun ist die Benennung eines Leidens keine beliebige Sache. Jener Moment, in welchem jemand einem leidenden Menschen ein Wort, einen Begriff anbietet, der sein Leiden benennt, ist sogar ein entscheidender. Ein Beispiel aus der Praxis:

Einen Mann mittleren Alters, der vor Jahren eine schwere Lebenskrise durchgemacht hatte, quälte plötzlich die Befürchtung, jene Situation sei wiedergekehrt. Er fühlte sich nämlich seit Tagen lustlos, hatte keine Energie und keinen Appetit mehr, schleppte sich, wie er sagte, nur noch durchs Leben. Schließlich suchte er einen Arzt auf, welcher ihn gründlich untersuchte und dann zu ihm sagte: «Sie haben eine Gelbsucht.» Dieses «Zauberwort» bewirkte, daß alle Lähmung vom Patienten abfiel. Er war sehr erleichtert, «nur» an einer körperlichen Krankheit zu leiden. Daß ihn der Arzt darauf hinwies, er könne nichts weiter für ihn tun, da es z. B. noch keine Medikamente gegen diese Krankheit gebe, belastete den Patienten nicht weiter.

Ein neuer Name für ein Leiden kann offensichtlich eine Lebenssituation verändern.[1] Dem Arzt in diesem Beispiel war es wahrscheinlich nicht bewußt, welche Veränderung er durch seine Diagnose beim Patienten auslöste. Ein Psychotherapeut jedoch sollte immer davon ausgehen, *daß die Benennung der Krankheit bereits Teil der Behandlung ist*. Ein Beispiel auch dafür:

Ein junger Mann suchte einen Psychotherapeuten auf. Er klagte, er habe während mehreren Nächten nicht mehr richtig geschlafen. Es gehe ihm immer durch den Kopf, daß er sein Leben verpfuscht habe, daß er ein Versager sei. Er habe keinen Appetit mehr und ernähre sich nur noch von Dingen, die er achtlos im Supermarkt zusammenkaufe und kalt verzehre. Er denke oft an Suizid, habe aber den Mut bisher nicht gefunden, sich das Leben zu nehmen.

Der Psychotherapeut stellte bei sich die Diagnose «Agitierte Depression» (also eine Depression, die sich nicht in Gelähmtheit und Antriebslosigkeit, sondern in Aufregung und Unkonzentriertheit äußert). Nach kurzem Überlegen entschloß er sich dafür, diese Diagnose auch dem Patienten mitzuteilen. Er sagte: «Was Sie mir über Ihren Zustand berichten, sind die Anzeichen einer deutlichen Depression. Die Gedanken, die Sie in diesem Zustand haben, bergen vielleicht einen Kern von Wahrheit. Aber in diesem depressiven Zustand sind Sie nicht fähig, sich selbst richtig einzuschätzen oder zu beurteilen. Ihre Selbstverurteilung ist ein Symptom der Depression und nicht eine objektive Einschätzung Ihrer Erfolge und Mißerfolge. Es ist, wie wenn ein Teil von Ihnen – man könnte ihn z. B. Über-Ich nennen – den anderen Teil Ihrer Person ‹fertigmachen› und niederdrücken wollte. Das ist übrigens die Bedeutung des Wortes ‹Depression›. Sie sollten deshalb diesen ‹Stimmen›, die versuchen, Sie niederzudrücken, nicht allzuviel Gehör schenken.»[2]

Der Therapeut schlug dann dem Patienten vor, antidepressive Medikamente zu nehmen. Wenn sich seine Stimmung gebessert habe, sei der Augenblick gekommen, die Frage der Lebensbewältigung und des angeblichen Versagens anzugehen und zu diskutieren. Aber auch hier machte sich die Störung des Patienten bemerkbar: Er bestand darauf, es aus eigener Kraft, ohne «chemische Hilfe» schaffen zu müssen, er wolle allein aus dem Sumpf seiner Depression herauskommen. Nach mehreren Rückfällen gelang es dem Patienten auch tatsächlich, in eine stabilere Stimmungslage zu kommen, eine neue Stelle zu suchen und sich den erfreulicheren Seiten des Lebens zuzuwenden.

Warum zögerte der Therapeut, die Diagnose zu äußern? Weil er nicht leichtfertig eine Spaltung oder Entfremdung in die Selbstwahrnehmung des Patienten einführen wollte. Er war sich bewußt, daß seine Worte in dessen Selbst symbolisch einen sich autonom gebärdenden «Fremdkörper» («Depression», «destruktives Über-Ich») abgrenzten. Der Therapeut entschied sich dann doch für die Offenlegung der Diagnose, weil er glaubte, den Patienten so zu entlasten und ihm dabei helfen zu können, dem Druck der verurteilenden Instanz Widerstand zu leisten.

Nun stellt sich die Frage, ob es aus psychotherapeutischer Sicht ähnlich heilsam sein kann, einem Menschen zu sagen, daß sein Verhalten und Erleben ganz oder teilweise von Dämonen und Teufeln verursacht werde. Denn diese «Diagnose» spaltet einen Menschen in vergleichbarer Weise in eigene und fremde Zonen auf, wie es im geschilderten Fallbeispiel der Therapeut mit seiner Diagnose «Depression» tat.

Er redete mit den Teufeln und Dämonen

Dieser Aufsatz ist nicht der richtige Rahmen dafür, über die Realität bzw. Existenz von Teufeln und psychischen Instanzen zu urteilen. Gehen wir vorläufig davon aus, daß Begriffe wie «Dämon», «Satan», «Depression» und «Über-Ich» Dinge von vergleichbarem Realitätsgehalt sind. Für das, worum es hier geht – nämlich um mögliche Parameter für heilendes und schädigendes Vorgehen von Experten – spielt die Realitätsfrage interessanterweise keine Rolle.

In unserem psychotherapeutischen Fallbeispiel versuchte der Therapeut ganz bewußt, das Gespräch mit seinem sympathischen und an sich vernünftig wirkenden Patienten aufrechtzuerhalten, wogegen er die «Stimme» des niederdrückenden Über-Ichs zwar als Symptom ernst nahm, als Gesprächspartner jedoch ignorierte. Wie ist es aber zu beurteilen, wenn ein Exorzist *das Gespräch mit dem Ratsuchenden abbricht und dafür die Kommunikation mit Dämonen oder dem Teufel im angeblich Besessenen aufnimmt und letztere dabei mit Namen anspricht* – und sei es mit abwehrenden Sätzen wie «Fahre aus diesem Menschen aus, hebe dich hinweg, Satanas»?

Ein solches Ansprechen mit Namen ist fatal. Es bedeutet nichts weniger, als daß die Person des Experten, welche vom Patienten kraft des Übertragungsphänomens mit Macht und Vertrauen ausgestattet wurde, einen Ort in der Psyche des Patienten als autonome Teilpersönlichkeit anerkennt.[3]

Die so induzierte Spaltung wird nun viel tiefer greifen als jene erstgenannte, denn sie verfehlt die symbolische

Ebene. Im ersten Beispiel sprachen der Therapeut und der Patient über dessen autonome Persönlichkeitsfaktoren *als über etwas Drittes* («Depression», «Über-Ich»). Der Patient konnte so verstehen, daß diese Deutung bzw. Beschreibung seines Zustandes für beide Gesprächspartner eine mögliche, aber nicht zwingend die richtige Deutung war. Spricht ein Exorzist aber den Teufel im Patienten mit Namen an, so bestehen für den Patienten keine Zweifel mehr daran, *daß der Exorzist an den Teufel im Patienten glaubt*. Der Exorzist sieht seinen Gesprächspartner in einem solchen Augenblick offensichtlich nicht mehr im Ratsuchenden, sondern im Satan selbst.

Ein Kampf von kosmischen Ausmaßen

> «Um das Dorf zu retten, war es nötig,
> es zu zerstören.»
> *(ein amerikanischer General
> im Vietnam-Krieg)*

Warum verhält sich der Exorzist so? Nun ist der Moment gekommen, nach dem jeweiligen ideologischen Kontext zu fragen, in welchem Exorzist und Therapeut in unseren Beispielen agieren. Auf den ersten Blick könnten diese Ideologien unterschiedlicher nicht sein. Der Therapeut wird sein Weltbild letztlich auf dasjenige des Stammvaters aller Psychotherapie, Sigmund Freud, zurückführen müssen (bei noch so heftig geäußerter Abgrenzung von dessen Aussagen). Der Exorzist wird seinen Glauben ins Feld führen und vielleicht die Bibel als Wort Gottes, in welcher vom Teufel und der Möglichkeit des Exorzierens die Rede sei.

Nimmt man aber die beiden Gruppen, die Psychotherapeuten und die Exorzisten, genauer unter die Lupe, so wird man überrascht feststellen, daß sich einzelne Therapeuten wie Exorzisten gebärden und umgekehrt manche Exorzisten nach den Regeln therapeutischer Kunst vorzugehen scheinen. Wir werden deshalb an das Vorgehen der beiden einen anderen Maßstab anlegen müssen als ihr Weltbild, ihren Glauben oder die Rationalität, die sie je nachdem für sich in Anspruch nehmen. Denn diese Strukturen, innerhalb derer sie sich bewegen und auf die sie sich bei ihrem Vorgehen berufen, lassen ihnen viel mehr Handlungsspielraum, als sie sich selbst eingestehen – Spielraum sowohl für heilendes wie für schädigendes, für umsichtiges wie für fanatisches Verhalten.

Ich unterscheide und beschreibe nunmehr vier Diskurse[4], die in folgender Matrix angeordnet werden können:

Diskurs/ Tätigkeitsbereich	*Seelsorge*	*Psychotherapie*
therapeutischer Diskurs	1.	3.
exorzistischer Diskurs	2.	4.

1. Therapeutisch handeln (im weitesten Sinne des Wortes) würden laut dieser neuen Einteilung jene Exorzisten, die etwa so sprächen: «Ich kann nicht sicher sein, ob wirklich Dämonen jenen Menschen plagen, der mich um Rat und Hilfe angegangen hat. Ich insistiere aber nicht darauf, es ihm auszureden. Ich bete mit ihm,

und gemeinsam bitten wir Gott, daß er ihm die Angst vor den Dämonen nehme, damit er sich wieder auf Wichtigeres im Leben konzentrieren kann.»

2. Exorzistisch dagegen handeln Priester und Seelsorger, wenn sie von sich denken: «Ich bin in einen Kampf von kosmischen Ausmaßen verwickelt. Es geht um nichts weniger als um den Sieg des Bösen über das Gute. Die Front in dieser jahrtausendealten Schlacht verläuft momentan gerade durch die Person, die ich vor mir habe. Daß ich dieser Person begegnet bin, ist göttliche Fügung. Nur die Macht und die Liebe, mit der Gott mich jetzt ausstattet, wird in diesem schicksalhaften Augenblick über Sieg und Niederlage entscheiden.»[5]

Übersetzen wir obige Aussagen noch für die weltlichen Experten, die Psychiater und Psychologen:

3. Als Therapeuten würden sie sagen: «Ich kann nicht sicher sein, ob Dinge wie Über-Ich und Depression wirklich existieren. Ich kann auch nicht wissen, ob die Eltern meiner Patienten tatsächlich so schlecht oder böse waren, wie sie von letzteren geschildert werden. Darauf kommt es nicht an. Ich versuche vielmehr zu verstehen, welche Ordnung diese Menschen ihrer Psyche und ihrer Welt zugrunde legen, um dann mit ihnen zusammen zu versuchen, allfällige Konflikte zwischen den von ihnen beschriebenen Instanzen und Gestalten zu lösen, sie mit der Realität zu versöhnen und ihnen dabei zu helfen, ihre eigenen Wünsche anzuhören, zu ertragen und zu verwirklichen.»

4. Den «Exorzisten» unter den Psychologen und Psychiatern könnte man folgende Worte in den Mund legen: «Ich bin berufen und dazu ausersehen, in der Person meines Patienten ein Problem zu lösen, an dem die ganze Gesellschaft krankt. Die Menschen, die schuld sind am Elend meiner Patienten, sind gleichzeitig verantwortlich für das Elend von uns allen. Ich muß meinen Patienten bewußtmachen, daß sie keine Schuld trifft an ihrer Situation, sondern daß sie das Opfer von Umständen und schlechten Menschen sind. Gemeinsam werden wir das Unrecht, das geschehen ist, aufdecken und anprangern.»

*

Es könnte der Eindruck entstanden sein, hier solle *die* falsche therapeutische Haltung der einzig richtigen gegenübergestellt werden. Das wäre in der Tat nicht zu rechtfertigen: die Fehler, die Therapeuten begehen können, sind Legion (sic). Der zuletzt erwähnte Diskurs ist aber einer, der heute besonders im Schwange ist. Er ist kein unehrenhafter Diskurs – aber er ist nicht Therapie. Er ist anzusiedeln im Bereich gesellschaftlicher Aufklärung und Veränderung. Gefährlich wird er erst, wenn er fälschlicherweise als Therapie ausgegeben wird, denn dann vereinnahmt er den Patienten in einen «Kampf von kosmischen Ausmaßen» (diesmal im politischen Sinne), den in Tat und Wahrheit der Therapeut führt.

Der Teufel in der Psychiatrie: Multiple Persönlichkeit und Repressed Memory Syndrome

Zwei Diagnosen werden gegenwärtig in der Psychotherapie, der Sozialarbeit und anderen Bereichen in exorzistischer Manier herumgeboten und angegangen: das «Multiple-Persönlichkeits-Syndrom» (MPS) und das «Repressed Memory Syndrome» (RPS).

Beide Diagnosen sind im Zuge eines gesellschaftlichen Wandels ins Zentrum ärztlichen und öffentlichen Interesses gerückt. Die feministische Bewegung hat ein unglaubliches Machtgefälle zwischen den Geschlechtern aufgedeckt, das vorher von traditionellen Rollenvorstellungen verschleiert blieb: Opfer sexueller Gewalt in zahllosen Formen ist in den meisten Fällen eine Frau; die Täter sind meist Männer.

Die westliche Gesellschaft ist daran, diese Erkenntnis zu verdauen. Da die Geschlechterrollen auf beiden Seiten in Fluß geraten sind, kommt es notwendigerweise zu heftigen Auseinandersetzungen und auch zu Erscheinungen auf der Ebene des kollektiven Unbewußten. Drei Wellen, die alle Züge von Massenhysterien aufweisen, sind über die USA hinweggerollt (und mittlerweile auch bei uns eingetroffen): die erste konfrontierte praktisch alle Frauen mit der Frage, ob sie vielleicht Opfer eines Inzests seien, die zweite trug die Vorstellung ins Land, Satanssekten hätten Zehntausende von Frauen und Männern bei Schwarzen Messen rituell mißbraucht[6], die dritte behauptete, ebensoviele Amerikanerinnen (und Amerikaner) seien von menschenähnlichen Außerirdischen («Grauen», mit großen Köpfen und riesigen schwarzen Augen) aus ihren Schlafzimmern oder Autos entführt, in UFOs gebracht und dort auf schmerzhafte Weise gynäkologisch untersucht worden (vielleicht im Zuge eines gigantischen genetischen Experiments).[7]

Allen diesen Legenden ist anzumerken, daß sie die schmerzhafte Wahrheit der sexuellen Gewalt – die Quote der Opfer von Inzest und Vergewaltigung ist offensichtlich viel höher, als man bisher annahm – in Form einer mythischen Inszenierung auf kollektiver Ebene darzustellen und zu verarbeiten suchen.[8]

Die Lehre von der *«unterdrückten Erinnerung»* hingegen besagt, daß die Opfer all dieser Verbrechen entweder seelisch derart traumatisiert seien, daß sie jede Erinnerung daran aus ihrem Gedächtnis getilgt hätten, oder aber daß die Täter – Väter und Brüder, Satanisten wie Außerirdische – Hypnose anwendeten, um es den Opfern zu verunmöglichen, Außenstehenden vom Erlebten zu berichten.[9]

Die Kontroverse zwischen den Fachleuten über das Funktionieren des menschlichen Gedächtnisses ist begreiflicherweise sehr komplex und kann hier nicht nachvollzogen werden.[10] Die Auseinandersetzung wird zum Teil sehr emotionell geführt. Nachdem zuerst Hunderte von Selbsthilfegruppen für mißbrauchte Menschen mit «unterdrückten Erinnerungen» gegründet wurden, werfen nun neue Selbsthilfegruppen den Psychotherapeuten vor, sie hätten ihren Mitgliedern falsche Erinnerungen eingepflanzt. Tatsächlich wirken manche Fälle so, als hätten die betreffenden Therapeuten nicht geruht, bis ihre Patienten die Vermutung akzeptierten, sie seien Opfer von Inzest oder rituellem Mißbrauch. Zur

Unterstützung der Suche nach solchem Mißbrauch in der Lebensgeschichte der Patienten setzten die Therapeuten auch Entspannungstechniken, suggestive Methoden oder schlicht Hypnose ein – in der Annahme, der massiven Verdrängung sei nur mit solchen Mitteln zu Leibe zu rücken. (In ähnlicher Weise sind auch die Details der meisten UFO-Entführungen im Laufe von Hypnosesitzungen zutage gefördert worden, deren Protokolle sich oft wie Lehrgänge für Beeinflussungstechniken lesen.)[11] Auch wurde der Katalog schädigenden Verhaltens der Umwelt laufend erweitert: Wo in einer Lebensgeschichte beim besten Willen kein sexueller Mißbrauch gefunden werden konnte, war bald die Rede von «emotionellem Mißbrauch».

Das Phänomen der *Multiplen Persönlichkeit*, das der Psychiatrie seit vielen Jahrzehnten bekannt ist, hat ebenfalls durch seine Verknüpfung mit dem sexuellen Trauma eine Renaissance erfahren.[12] Feministische Therapeutinnen hoben dieses Leiden stellvertretend für all die Folgen patriarchalischer Unterdrückung und Ausbeutung auf ihr Banner. Ein weibliches Opfer leide so sehr unter seinen sexuellen Traumen – so die feministische Lesart –, daß es versuchen müsse, gesunde von geschädigten Teilen der Persönlichkeit abzuspalten und fernzuhalten, um nur schon den Alltag einigermaßen bewältigen zu können.

Im Umfeld von Menschen, die am Multiple-Persönlichkeits-Syndrom leiden, sind sehr ähnliche Vorgänge zu beobachten wie bei «großen» Exorzismen. Angehörige, Lebenspartner und Fachleute – alle starren fasziniert auf das Schauspiel, das sich darbietet:

Ein junger Mann rief einen Psychologen an und berichtete, seine Freundin leide seit etwa einem Jahr an Multipler Persönlichkeit. Sie sei als Kind vom Vater mißbraucht worden. Bisher hätte sich mehr als ein Dutzend verschiedener Teilpersönlichkeiten manifestiert. Nur er als ihr Freund habe alle erlebt; gegen außen zeige sich, je nach Situation, jeweils nur eine von ihnen.

Der Psychologe spürt die Faszination des Mannes. Dieser wirkt nämlich bei aller Besorgnis wie ein Wissenschaftler, der Insekten sammelt und katalogisiert. Der Psychologe warnt ihn davor, sich im Umgang mit seiner Freundin allzusehr auf die einzelnen Manifestationen einzulassen, und rät ihm, ihr stets so zu begegnen, daß sie merke, er nehme sie als *eine* Person wahr, und zwar als diejenige, die sie immer gewesen sei.[13]

Sowohl bei Exorzismen wie bei den entsprechenden Fällen aus der psychologischen Praxis droht dieselbe Gefahr: daß die Experten selbst in die Produktion von immer neuen Spaltpersönlichkeiten auf seiten ihrer Klienten verwickelt sind. Fast immer handelt es sich dabei um Leute, die entweder naiv und glühend an die Realität und Objektivität der von ihnen untersuchten Manifestationen glauben oder zumindest stark von ihnen fasziniert sind.[14] Erneut stellen wir fest, daß es keine Rolle spielt, ob die Experten im Leiden des Patienten Dämonen zu sehen glauben oder Abspaltungen der Persönlichkeit. Der Spuk ist derselbe und von vergleichbarer Faszination. Sprechen wir es noch einmal deutlich aus: Was immer im kranken und leidenden Menschen vorgeht, solche Experten dringen nicht bis ins Zentrum dieses Leidens vor, sondern bleiben in einen Schattenkampf verwickelt, in welchem sie immer nur sich selbst begegnen.

So schrecklich die Folgen sexuellen Mißbrauchs sind, so real die Unterdrückung und Ausbeutung der Frau im Patriarchat war und ist – all das rechtfertigt es nicht, daß Patienten von ihren Therapeuten in deren emanzipatorischen Kampf eingespannt werden. Exorzistisch dürfen wir diese Art von Therapie dann nennen, wenn der Therapeut in ihr sein Gegenüber gar nicht erst daraufhin analysiert, wie es in ganz persönlicher Weise die Rollen in seinem existentiellen Drama verteilt. Denn der Therapeut hält schon vor Beginn der Behandlung eine einzige Rolle für den Patienten bereit – die des Opfers. Auch das, was ausgetrieben werden muß, weil es «böse» ist, steht von Anfang an fest. So dreht sich die Therapie letztlich nicht wirklich um das, was die Patienten bewegt, sondern um die Vorwürfe, welche jene Therapeuten an ihr Schicksal und die Welt richten. Den Patienten ist damit nicht geholfen, daß man ihre selbstdestruktive Haltung unverarbeitet «nach außen umstülpt», in eine Vorwurfshaltung an die Umwelt.

Lob der Spaltung

Obige Schilderungen von dramatischen und experteninduzierten Persönlichkeitsspaltungen erwecken vielleicht den Eindruck, der Mensch in «gesundem» Zustand sei ein Ganzes, eine ungespaltene Einheit. Auch diese Vorstellung ist einer der gefährlichen Mythen in der Psychologie. Gefährlich ist er in den Händen eines Therapeuten, der an ihn glaubt, weil er dann seine Patienten in eine endlose Therapie mit unerreichbarem Ziel verwickelt, damit sie «endlich ganz» werden.

Es ist eine der wichtigsten Erkenntnisse in Freuds Psychoanalyse, daß wir Menschen «psychische Apparate» mit komplexer Struktur sind. Freud glaubte an ein Gebilde mit Einzelteilen, wie es die Linsen eines photographischen Apparates sind. Heute, unter dem Eindruck der Computerisierung, denken wir eher an einen kybernetischen Organismus mit verschiedenen, hierarchisch angeordneten Schaltkreisen, die je nach Situation ein- und ausgeschaltet werden. Das Ich, der Fokus unserer Selbstwahrnehmung, wäre nur eine dieser Subroutinen oder ein Programmmodul.

Die Tatsache dieser komplexen Anlage ist so erstaunlich wie banal. Bei allen höheren Organismen ist sie nachweisbar. Wichtig ist, daß der psychotherapeutisch oder seelsorgerisch arbeitende Experte an die jüngsten Ergebnisse der psychologischen Forschung nicht glaubt wie an eine Glaubenswahrheit. Genauso ist der Dämonologe auf dem Holzweg, wenn er seine bösen Geister in Mitmenschen sucht und findet. Alle Modelle, welcher Art auch immer, sind Hilfskonstruktionen, die für bestimmte Phänomene und jeweils für eine gewisse Zeit oder Epoche gute Dienste leisten, bis sie von anderen abgelöst werden. Das Modell seiner Psyche, das ein Ratsuchender selbst in die Sprechstunde mitbringt, ist vielleicht nicht das schlechteste.

Unser Ziel in der Psychotherapie und der Seelsorge kann nur darin liegen, die einzelnen Elemente in der Persönlichkeit eines Menschen – Triebe, Wünsche, Instanzen, Ich und Es, Gewissen und Über-Ich – zu einer anderen Zusammenarbeit zu bewegen, die mehr zur Lebensbewältigung beiträgt als die bisherige. Besteht ein Ratsuchender selbst darauf, daß er an Dämonen oder

Teilpersönlichkeiten leide, so müssen wir gut abwägen, wieweit wir ihm in diese Vorstellung folgen wollen. Nie aber kann es darum gehen, ihm einen Teil seiner Persönlichkeit «auszutreiben» oder «wegzuoperieren» – und geschähe dies, um «das Dorf» bzw. «die Seele» zu retten.[15]

Man könnte den Unterschied zwischen dem erlaubten und dem destruktiven «Exorzieren» noch anders fassen: Er liegt in unserem jeweiligen Verhältnis zum Symbolischen[16] begründet, in der Art und Weise, wie wir die Sprache wahrnehmen. Die Sprache bietet uns in der Poesie, in der Funktion der Metapher, im Gleichnis und im analytischen Diskurs etwas an, das im harten Getriebe der Realität oft wie Öl zu wirken vermag, das sich zwischen uns und unser grausames Geschick als sterbliche Wesen schiebt. Carl Gustav Jung sprach in ähnlichem Zusammenhang von der «transitiven Funktion» als jenem Element der Psyche, das es uns ermöglicht, uns zu wandeln und von einem Zustand oder einer Phase unseres Lebens in eine andere überzuwechseln: «Habentibus symbolum facilis est transitus».[17]

Der Preis, den wir für den Gebrauch dieses wunderbaren Mittels bezahlen, ist der Verzicht auf ein fundamentalistisches Anklammern an «den Buchstaben», an eine vermeintlich eindeutige Wahrheit, die angeblich unverrückbar mit Wörtern, Sätzen, Texten und Büchern verbunden sein soll. Die heilende Kraft des Wortes liegt nicht in seiner Eindeutigkeit, sondern in seiner Verbindung zum Andern.[18]

1 Ich lege meinen Ausführungen eine Auffassung von Psychotherapie zugrunde, welche die Struktur der Sprache, das Verhältnis des Subjekts zu dieser und das Wesen des Sprechens (das Schweigen mit eingeschlossen) ins Zentrum rückt, wobei ich mich auf Sigmund Freud und Jacques Lacan berufe. (Eine gute Einführung in diese Variante der psychoanalytischen Theorie gibt die Dissertation von Johannes Fehr, *Das Unbewußte und die Struktur der Sprache*, Zürich 1987.)

2 Hier ist in einer Rede zusammengefaßt, was der Therapeut dem Patienten im Verlauf mehrerer Sitzungen erläuterte. Es sei hier ferner dahingestellt, ob die erwähnte Diagnose in diesem Falle die richtige oder einzig richtige war.

3 In der Magie, z. B. in magischen Anwendungen der jüdischen Kabbala, bedeutet das Aussprechen des Namens einer Person oder eines Geistes Macht über letzteren. Vielleicht sollten wir darin eher das Gegenteil sehen: die Anerkennung der Macht des Gegenübers über unser Weltbild.

4 Meine Auffassung des Diskurses beruht auf Jacques Lacans «Le Séminaire; livre XVII; (69/70); L'envers de la psychanalyse» (Le champ freudien), Seuil, Paris 1990.

5 Es gibt auch Psychiater, die so reden könnten, z. B. M. Scott Peck in seinem Buch *Die Lügner. Eine Psychologie des Bösen – und die Hoffnung auf Heilung*, Claudius-Verlag, München 1990 [Originaltitel 1983: *People of the Lie*].

6 In den USA spricht man von «Satanic Ritual Abuse». Das auslösende Buch, von Michelle Smith und Lawrence Pazder, hieß *Michelle Remembers*, 1980.

7 Als kritische Einführung in das Thema der UFO-Entführungen empfiehlt sich das Buch von Ulrich Magin: *Von UFOs entführt*, Beck'sche Reihe TB Nr. 462, München 1991; ferner Time-Life-Bücher: *Unheimliche Begeg-*

nungen mit Außerirdischen, Amsterdam 1993; schließlich die (unkritischen) Bücher von Budd Hopkins, John Mack, David Jacobs, Whitley Strieber u. a.

8 Man gewinnt manchmal den Eindruck, daß eine der dabei aktiven Assoziationsketten auf eine stärkere oder neue Identifizierung der Frau *als Geschlecht* mit der Gestalt des leidenden Christus abzielt. (Eine individuelle Identifizierung war Frauen schon immer möglich.)

9 Autorinnen auf diesem Gebiet, die von der Realität des Repressed Memory Syndrom ausgehen, sind z. B. die amerikanischen Psychotherapeutinnen Lenore Terr, Linda Meyer Williams, Judith Lewis Herman; kritisch stehen dieser nosologischen Einheit u. a. der Psychologe Richard Ofshe, die Psychiaterin und Juristin Elizabeth E. Loftus, die Journalistin Carol Tavris gegenüber. Die einschlägige Literatur wächst ständig an.

10 Der Einfluß bestimmter Filme von Alfred Hitchcock, welche exakt solche Amnesien als Folgen von Traumen in vulgär-freudianischer Manier darstellen («Marnie» und «Spellbound»), sollte bei dieser Geschichte nicht unterschätzt werden.

11 Zu finden sind solche Protokolle in den Büchern von John Mack, Leo Sprinkle, David Jacobs, Budd Hopkins und anderen.

12 Die Schlüsselpublikation dieser Welle war Flora Retha Schreibers *Sybil: Persönlichkeitsspaltung einer Frau*, Fischer, Frankfurt 1991. Die subjektive Erfahrung der Patienten in solchen Fällen sei hier nicht angezweifelt. Schon früher aber wurden bei spektakulären Fallberichten Diagnose und therapeutische Vorsicht in Zweifel gezogen. Siehe z. B. die gewagte Diagnose «Schizophrenie» im Buch *Mary Barnes. Meine Reise durch den Wahnsinn*, von M. B. und J. Berke (1973). Dazu kritisch U. H. Peters: *M. B. Psychopathologische Literaturinterpretation am Beispiel einer literarischen Gattung: Psychose-Fiktion*. In: B. Urban u. W. Kudszus: *Psychoanalytische und psychopathologische Literaturinterpretation*, Wiss. Buchgesellschaft, Darmstadt 1981, S. 280 ff.

13 Exorzismus, Mediumismus und Channeling, Multiple Persönlichkeit, Unterdrückte Erinnerung und Hypnose («Rückführungstherapie») – alle diese Phänomene der Dissoziation gehören in das große Feld hysterischer Symptomatik. Nach Slavoj Zizek ist es typisch für die Hysterie, daß sie ein Trauma postuliert, welches als Ursache von allem Negativen im eigenen Leben betrachtet wird.

14 Wahrscheinlich auch darum, weil diese Manifestationen gewisse Gesetze der Wirklichkeit in Frage zu stellen scheinen.

15 Ironischerweise erhellt ein kleiner Exkurs in die *Vampirologie*, wie brisant gefährlich solches Expertenwissen wirken kann. In einer Verfilmung von Bram Stokers Roman *Dracula* (Terence Fisher, England 1958) diktiert Peter Cushing als der humorlose und asketisch wirkende Vampirjäger Van Helsing folgende Sätze in einen Phonographen mit Wachszylindern:

«Die Opfer wehren sich dagegen, vom Vampirismus beherrscht zu werden, aber sie sind völlig außerstande, es zu verhindern. Die Symptome sind ähnlich wie bei der Rauschgiftsucht. Durch ständigen Blutverlust stirbt dann das Opfer. Aber: Es findet keinen Frieden, wie es bei einem normalen Tod der Fall ist. Sie treten in das furchtbare Zwischenreich der Nicht-Toten ein.»

Die Konsequenz daraus erläutert er dem Schwager eines Opfers:

«Natürlich sind Sie im Augenblick entsetzt, Holmwood. Man kann nicht so schnell die wahren Hintergründe begreifen. Aber Sie haben genug gelesen, um zu begreifen, daß die Vampire für immer aus unserer Welt verschwinden müssen.»

Im Kontext des Films klingt dieser Diskurs plausibel, wissenschaftlich und dramaturgisch unterhaltsam. Für sich genommen läßt er uns schaudern, weil er uns allzusehr an den Diskurs eines modernen Sektenführers erinnert, welcher zum Genozid aufruft, oder eben an den eines irregeleiteten Exorzisten.

16 Das Symbolische im Sinne von Claude Lévi-Strauss und Jacques Lacan, seltener auch von C. G. Jung.

17 «Jenen, die das Symbol haben, fällt der Übergang leicht» (Mylius, *Philosophia Reformata,* nach C. G. Jung, *Psychologie und Alchemie,* Ges. Werke, Bd. 12, Walter, Olten 1972, S. 263).

18 Wofür steht hier dieser Andere? Eben: für Vieles in Einem. Zunächst für das andere Wort, auf welches jedes Wort assoziativ verweist, und somit für alle Wörter überhaupt. Unter anderem deshalb nennt Lacan die Sprache bzw. das Symbolische den «großen Anderen». Schließlich für Gott, als den bei aller Ebenbildlichkeit radikal Anderen, der ohne dieses sein Anderssein nicht oder nichts wäre.

41

Besessenheitsphänomene und psychisch-physische Erkrankungen

Theo Glantz

Wenn wir im christlichen Kulturkreis von Besessenheit hören, denken wir in erster Linie an dämonische Besessenheit. Dabei stellt diese lediglich eine Sonderform der weltweit geübten kultischen Besessenheit dar. Ergriffenheit und Besessenheit als Urformen religiöser Erfahrung lassen sich bis in die ältesten Zeiten der Religionsgeschichte zurückverfolgen. In ekstatischen Tanzritualen Eingeborener kommt es zu religiösen Trancezuständen.

Diese gehören zum natürlichen Ausstattungspotential des Menschen.[1] Das Phänomen der Trance, für unser Thema von großer Bedeutung, wurde jahrhundertelang den psychotischen Geisteszuständen zugeordnet, obwohl anthropologische Feldforscher seit langem wissen, daß religiöse Tranceformen in ihrem Kulturkreis als völlig normal gelten. Die trance ausübenden Menschen fühlen sich nachher sehr wohl und tragen keinerlei Krankheitssymptome davon, vergleichbar einem Orgasmusablauf.

Die Trance-Tänzer haben sich freiwillig in ihre rituell eingeübten und kontrollierten Zustände begeben, um für eine begrenzte Zeit eine feinstoffliche Wesenheit in sich aufzunehmen und durch sich hindurch wirken zu lassen. Beobachter dieser Szenen, die einer experimentellen, grobstofflich-materiellen Wissenschaft verpflichtet sind, werden in der Regel diese Vorgänge nur immanent, d. h. hier als innerpsychische, eventuell pathologische Abläufe einstufen. Die Wesenheiten, bei denen es sich in der Regel um gutartige, hilfreiche Verstorbene handelt, verlassen bei Beendigung des Ritus freiwillig ihre «Wirte-Personen». Diese treten gestärkt in ihren normalen Alltag zurück.

Nur wer sich für Erfahrungen dieser «anderen Wirklichkeit» öffnen kann – und das wird jedem gelingen, der seine wissenschaftlichen, religiösen und persönlichen Vor-Urteile ablegen kann –, wird in der Lage sein, das spezielle Problem der dämonischen Besessenheit und ihrer bedrängenden bis bewußtseinsraubenden Einwirkungen in den Blick zu bekommen.

Dämonen sind dem Begriff nach heute zum Schlagwort geworden. «Daimonion» war für Sokrates noch sein wichtiger unsichtbarer, hilfreicher Begleiter. Der Kirchengeschichtler Ernst Benz schreibt: «Erst durch die christliche Polemik erhielt der Begriff des Daimon und des Daimonion seinen negativen Bedeutungswert. Die griechischen Götter wurden zu Daimonia, zu bösen Dämonen abgewertet (1 Kor 10,19–21). »[2] Wir tun den für gewöhnlich unsichtbaren Wesenheiten und uns selber einen schlechten Dienst, wenn wir sie nicht wieder differenzierter wahrzunehmen lernen, wie wir das als Psychotherapeuten gegenüber unseren Patienten auch gelernt haben.

Die unsichtbare Welt wird zum einen von den verstorbenen Wesenheiten bevölkert. Paulus hat gegenüber den Korinthern daran festgehalten, daß die Verstorbenen einen unverweslichen (= feinstofflichen) Leib haben (1 Kor 15,35 ff.). Gemäß ihrem Reifungsgrad und ihrer Liebesfähigkeit am Lebensende stehen sie entweder auf der Seite Gottes oder sind auf der dunklen Seite angesiedelt. Dazwischen gibt es das Heer der noch erdnahen, erdgebundenen Geistwesen, die mit ihrem niedrigen Schwingungspotential uns Menschen noch leicht erreichen können.

Ihre Art, uns zu bedrängen, ist vergleichbar den Belästigungen durch unreife und neurotische Menschen. Die eigentlichen Dämonen, auch Engel-Dämonen genannt, sind geschaffene, aber nicht inkarnierte Wesenheiten genauso wie die lichten Engel Gottes. Die Engel-Dämonen werden von jenen verstorbenen Wesenheiten unterstützt, die aus eigenem Entscheid oder als eine Art Söldner auf der Seite des Bösen stehen.

Die Figur des Bösen hat vom Alten zum Neuen Testament einen erheblichen Gestaltwandel erfahren. Satan gehört zur Welt der geschaffenen, gefallenen Engel-Wesen, er ist der Erdwelt zugeordnet (Offb 12,9) und ist eine wirkmächtige Wirklichkeit, auch wenn seine und seiner Anhänger Zeit begrenzt sein wird (1 Kor 15,24+25; Offb 12,12). Gemäß seines Verheimlichungscharakters wird er verschieden erlebt: manchmal personhaft, dann wieder als unguter, böser Geist im Sinne von Atmosphäre. Da er lieber im Verborgenen wirkt, wird er von vielen übersehen bis negiert. Dies stellt den Rahmen dar für mein begrenztes Thema einer Unterscheidung von Besessenheits-Phänomenen und psychisch-physischen Erkrankungen. Die Erfahrung hat gezeigt, daß sich negative Einwirkungen von geistigen Wesenheiten entweder verstärkend in den Bahnen von vorhandenen psychisch-physischen Erkrankungen manifestieren oder daß sie Verursacher von Erkrankungs- und Störungsformen sind.

Die *Diagnosestellung* ist seit jeher eine heikle Frage. Zunächst ist es für den Diagnostiker selber oft schwer zu ertragen, wenn er sich seiner Ohnmacht dort bewußt wird, wo er nicht «durchsieht». Ist aber eine Diagnose gestellt, sagt diese nicht unbedingt etwas über die Verursachung aus.

a) Formale Aspekte: Eine *veräußerlichte* Diagnosestellung betreibt, wer okkult Neugierigen in jedem Fall unterstellt, sie seien gebunden oder besessen. In der *summarischen Diagnosestellung* wird ein Symptomenkatalog zusammengestellt. Diese semantische Form wird z. T. heute noch in Medizin und Psychiatrie verwendet: aus Symptomen wird ein Syndrom kreiert. Dabei wird öfter vergessen, daß gleichen Symptomen verschiedene Ursachen zugrunde liegen können. Die *dynamische* Diagnosestellung, wie sie z. B. in der Psychoanalyse verwendet wird, bedarf nicht erst der Kenntnis aller Symptome. Das einzelne Symptom hat nicht einen statischen Stellenwert, sondern läuft gleichsam im Erstinterview durch die Übertragungs-Beziehung hindurch zum Interviewer und erfährt in dessen kontrollierter Gegen-Übertragungsreaktion seinen aktuellen Stellenwert. Wenn ein Interviewer z. B. ein Schweigen als sehr aggressiv erlebt, gehört es eher zur analen und weniger zur oralen Entwicklungsstufe. Letztere würde einen Wunsch nach Hilfe im Interviewer auslösen. Daraus entsteht eine *vorläufige* Diagnose, die sich im Lauf der Therapie verifizieren muß bzw. der Korrektur bedarf. Am Ende einer gelungenen Psychoanalyse wird die eigentliche Diagnose sicher dastehen. So wäre auch ein erfolgreicher Exorzismus die umfassendste Diagnosestellung. Wer sich mit der rechten Hirnhälfte auf eine Diagnosestellung einläßt, in welcher die Gefühls- und Intuitionsfunktion stärker eingesetzt werden, gelangt zu einem sensibleren und subtileren Ergebnis.

b) Inhaltliche Aspekte: Die diagnostischen Fragestellungen in bezug auf Besessenheit haben sich in den letzten 50 Jahren differenziert. Hieß es damals noch, eine Dämonie liege nicht vor, solange eine Erkrankung noch auf natürliche, psychologische Weise erklärt werden kann, nahm man dann wahr, daß Besessenheit sich nicht differentialdiagnostisch von irgendeinem Krankheitsbild abgrenzen ließ, weil wir es hier mit einer Einwirkung von einer anderen Wirklichkeitsebene zu tun haben. Für die praktische Unterscheidung bedarf es der Erfahrungsmöglichkeit dieser anderen Wirklichkeitsebene. Ohne diese Gemeinsamkeit wird auf verschiedenen Sichtebenen diskutiert, Phänomene und Symptome z. B. einer immanenten Wirklichkeitsebene zugeordnet ohne Kenntnisnahme ihrer transzendenten Verursachung. Virchow suchte im sezierten Körper die Seele und fand sie begreiflicherweise nicht, ebensowenig entdeckte Gagarin bei seinen Erdumkreisungen Gott. Die Ebene der «anderen Wirklichkeit», wie ich sie nenne, wirkt um- und übergreifend auf die uns vertrautere ein. Christliche Beter sagen vom Heiligen Geist: «Von allen Seiten umgibst Du mich»; sie sprechen auch vom Einwohnen des Geistes. Satanischer Geist, satanische Wesenheiten haben in ihrer feinstofflichen Beschaffenheit die gleiche Möglichkeit. Dies zu entdecken bedarf es einer Wahrnehmungsmöglichkeit mit Hilfe unserer feinstofflichen Sinnesorgane, die gleichsam hinter unseren bewußten Sinnesorganen plaziert sind. So gibt es neben dem Hellsehen ein Hellhören, Hellfühlen, Hellriechen.

Wer jemals Koma-Patienten betreute und bei allen Verrichtungen mit diesen äußerlich Bewußtlosen redete, konnte die Erfahrung machen, daß manche Kranke bei ihrer Rückkehr in die Bewußtseinswelt alles mit ihren inneren Ohren wahrgenommen hatten und mitteilen konnten, was mit unserem wissenschaftlichen Begriff von Bewußtsein, das an die fünf Sinne gebunden ist, nicht faßbar ist. Diese feinstofflichen, medialen Gaben gehören zum natürlichen Grundausstattungsrepertoire des Menschen. Wie alle Gaben benötigen sie der Einordnung in eine reife Persönlichkeit, deren Ich- bzw. Selbststruktur stabilisiert ist. Unreife und negativistische Persönlichkeiten können diese Gaben durch unangemessene Aktivierung zum Schaden anderer einsetzen oder werden durch negative Wesenheiten der gleichen Schwingungsart leichter mißbraucht. Medial offene und zugleich ungeschützte Persönlichkeiten sind wie Leuchttürme in der Nacht, sie werden von allerlei «Getier» umkreist und ziehen die entsprechenden niederen Wesenheiten an.

Entsprechend unseren verschiedenen medialen Gaben nehmen wir die Wesenheiten der anderen Wirklichkeiten verschieden wahr. Diese Subjektivität in der Wahrnehmung ist original und kann deshalb nicht gegenüber anderen subjektiven Wahrnehmungen abqualifiziert werden. Sie ist auch abhängig von unserem eigenen Reifestand. So wie Gott sich verschieden kundtut: den Jungen in Visionen, den Alten in Träumen (Apg 2,17), so offenbaren sich uns auch die feinstofflichen Wesenheiten gemäß unserer Wahrnehmungsart in verschiedener Gestalt oder in verschiedenen Bereichen. In quantenphysikalischer Aussage: Meine Beobachtungsart bestimmt das Ergebnis meiner Wahrnehmung, z. B. Licht als Welle oder Licht als Korpuskel. Beides ist «wahr» und schließt sich doch gegenseitig aus.

Im Laufe der Jahrhunderte haben sich drei charakteristische Besessenheitsformen herauskristallisiert. Am Bild einer belagerten, bzw. eroberten Stadt lassen sich diese drei ablesen: 1) Die Belästigung (infestatio) als Beschuß der Stadt von außen; 2) Der Feind hat erste Straßenzüge besetzt (Gebundenheit, Umsessenheit, circumcessio); 3) Die Stadt ist erobert (Besessenheit, possessio). In der Praxis können besonders die ersten beiden Formen sowohl nebeneinander existieren als auch ineinander übergehen. Sie sind nicht immer leicht zu unterscheiden, wenn sie in fließenden Übergängen erscheinen.[3] Da der Umsessene nur eine teilweise Gebundenheit erlebt, behält er sein Ich-Bewußtsein und fällt auch nicht in einen Trance-Krisenzustand. Sein Gebundensein äußert sich vorwiegend in pausenlos quälenden, verbalen Anklagen und Belästigungen und in quälenden, äußerst unangenehmen Körperempfindungen. In der Infestatio, der Belästigung, wird ein Mensch sehr selten körperlich belästigt. Zumeist ist es die Umgebung einer Person, die böswillige Beschädigung z. B. an Wohnungseinrichtungen und auch Funktionseinschränkungen an Apparaten (Telefon, Uhr ...) erfährt. Aus Raumgründen werden wir diese leichteren Formen der Besessenheit zurückstellen müssen und wenden uns der viel eindeutigeren dritten Form, der Possessio, zu.

Das Zentralproblem und Hauptkennzeichen nur bei der Possessio ist die sog. Krise. Ist ein Mensch besessen, so wird das so lange nicht auffallen, als die Wesenheiten in ihm sich ruhig verhalten. Im Augenblick der Aktion der innewohnenden Dämonen setzt die Krise, ein Voll-Trance-Zustand, ein. Der Zeitpunkt kann von den Wesenheiten selber gewählt werden oder tritt ein, wenn sie z. B. von religiösen Betätigungen (Weihwasser, Abendmahlsoblaten, Anbetungs- und Lobgesang etc.) beunruhigt werden. Bewußtsein, Wille, Gefühl, alles Reden und Tun der besessenen Person stehen jetzt unter der ausschließlichen Herrschaft der Dämonen. Nach der Rückkehr in den Ruhezustand ist keinerlei Erinnerung an die Vorgänge und Reden im Krisenzustand vorhanden, und das Verhalten der besessenen Persönlichkeit hat sich in der Regel sofort normalisiert.

Besessenheitskennzeichen der Possessio-Art sind seit Jahrhunderten in großer Gleichartigkeit im Rituale Romanum (1614) der römisch-katholischen Kirche festgehalten worden. Natürlich müssen diese Kennzeichen nicht alle gleichzeitig in jedem Besessenheitsfall sichtbar werden. Da Besessenheiten der Possessio-Art keine alltäglichen Vorkommnisse sind, zudem jede Besessenheit geprägt ist durch die Eigenart der jeweiligen Wesenheiten wie auch der besessenen Persönlichkeit selber, gilt es, die Besonderheiten von den allgemeinen Kennzeichen zu trennen. Das Rituale Romanum hat versucht, Kennzeichen körperlicher, seelischer, parapsychologischer und religiöser Art aufzustellen. Eine andere Einteilung versucht, Anzeichen auf Verdacht von Besessenheit, Anzeichen, die eine starke Vermutung annehmen lassen, und Anzeichen, die einigermaßen Sicherheit geben, zu unterscheiden.

Verdacht kann entstehen, wenn das Verhalten von Menschen sich sehr plötzlich wandelt, wenn wütendes

Toben und unflätige Beschimpfungen stattfinden. Starke Vermutung stellt sich ein, wenn ungewohnte Laute, tierisches Heulen, Fratzen und Grimassen, Gliederstarre oder übermäßige Beweglichkeit und übermenschliche Kräfte eintreten; wenn schmerzfreie Selbstverletzungen oder suizidale Bedrängnisse, gekoppelt mit qualvollen Körperempfindungen (Striemen am Körper wie von unsichtbarer Hand geschlagen) auftreten. Noch größere Sicherheit in bezug auf eine Besessenheit im Krisenzustand bietet die Kenntnis und Sprechmöglichkeit von Sprachen, die die besessene Persönlichkeit nicht kennt; ebenso die Kenntnis verborgener Dinge, das Wissen um zukünftige Ereignisse, die Möglichkeit künstlerischer und weissagender Betätigung ausschließlich in diesem Trance-Zustand. Ebenso wichtig einzuschätzen sind die Verunmöglichung, Gebete oder die Namen Gottes, Jesu und Maria auszusprechen, Hostien zu schlucken, Weihwasser und Reliquien zu ertragen. Immer müssen wir uns im klaren darüber sein, daß diese Kennzeichen auch mehrdeutig verstanden werden können. So gibt es beispielsweise das pfingstliche Sprachenwunder. Jedoch engen weitere, andere Kennzeichen die Doppeldeutigkeit immer mehr ein, und die eigene affektive und intuitive Reaktion des Befreiungshelfers lernt, über das Was der Entscheidung hinaus auf das Wie der Zuordnung zu horchen. Für eine echte Besessenheit ist ein formaler Punkt recht charakteristisch: die gleichzeitige Fülle der Phänomene und ihr willkürlicher Wechsel in bunter Reihenfolge. Das finden wir in dieser Vielfalt bei gewöhnlichen Erkrankungen nicht.

In skizzenhafter Form möchte ich nun Unterscheidungsmerkmale zwischen Besessenheit/Umsessenheit einerseits und Schizophrenie, Hysterie und Epilepsie anderseits aufzeigen. Im Unterschied zum Schizophrenen nimmt der Be- oder Umsessene die oft pausenlos gehörten Stimmen als Angriff eines Fremdwesens wahr. Zu Recht fühlt er sich verfolgt. Die Stimmen reden untereinander gern vom Betroffenen in der dritten Person. Es handelt sich hier nicht um eine Teilpersönlichkeit, wie manche Psychiater diese Vorgänge einer multiplen Persönlichkeit zuordnen möchten, sondern um eine Fremdpersönlichkeit.

Die Stimmeneigner gemäß der Zahl der Besetzer-Wesenheiten bleiben immer dieselben und können von Außenstehenden gehört und unterschieden werden. Die Persönlichkeit des Be- und Umsessenen ist in der Regel medial und psychisch offen und in ihrer Wesensart durchaus warmherzig. Im Krisenmoment des Besessenen tritt ein eklatanter Wechsel vom Normalverhalten zum Tranceverhalten ein. Nach Rückkehr aus dem Trance-Zustand führt der Besessene sein normales Leben weiter.

Der Schizophrene hingegen nimmt Stimmen und deren Inhalte eher als innere, zu ihm gehörende Vorgänge wahr, die gleichsam integriert sind. Die Wahrnehmungen von Wahnkranken sind echte Halluzinationen, ihr Paranoid ist eine Krankheitsform. Das paranoide Feld der inneren Stimmen erweitert sich ständig, immer neue Verfolgergruppen werden genannt. Die Persönlichkeit des schizophrenen Patienten ist eher mürrisch, verschlossen, abgekapselt und seelisch verhärtet. Beim schizophrenen Anfall treten höchstens Verschärfungen des Leidens auf, seine Persönlichkeit selber verändert sich im Umkreis dieses Anfalls nicht.

Die Hysterie-Erkrankung kann eine unendliche Vielfalt von Gesichtern zeigen wie übrigens auch die Depression. So haben manche Psychiater in der Gottliebin Dittus von Pfarrer Blumhardt eine Hysterikerin sehen wollen. Aus ihrer Biographie läßt sich für das psychoanalytisch geschulte Ohr mit einiger Sicherheit eine hysterisch verarbeitende Persönlichkeitsstruktur annehmen. Jedoch allein schon die vielerlei Materialisierungsphänomene gehören einer anderen Wirklichkeitsebene an. Hysterische Anfälle bleiben im Unterschied zur Besessenheitskrise nachher bewußt. Hysterisch Erkrankte kreisen zumeist um ihr eigenes Ich, da ihnen gerade eine wirkliche Identität mit sich selber fehlt. Medikamente können durchaus hilfreich sein.

Anders der Possessio-Besessene: Besessenheit – hörten wir oben – ist ein übergreifendes Geschehen. Ein Besessener kann eine hysterische oder auch jede andere Verarbeitungsstruktur (z. B. depressive, zwanghafte …) haben. Besessenheit schaltet die Tätigkeit der Ich-Struktur aus, sie richtet sich letztlich immer gegen Gott. Medikamente gegen Possessio-Besessenheit sind wirkungslos.

Oft sind Besessene als Epileptiker eingestuft worden. Besessenheit kann – wie oben erwähnt – eine Erkrankung verstärken, oder sie kann sie verursachen. Dennoch gibt es deutliche Unterscheidungsmerkmale, wenn wir beide Wirklichkeitsebenen berücksichtigen. Die Besessenheitskrise überfällt den Besessenen blitzartig. Die Sprache – wie von einer Fremdperson – ist verständlich, wenn auch in der Sinngebung aggressiv und negativistisch. Abnorme Körperbewegungen und Grimassen können wahrgenommen werden, jedoch sind sie nicht –

wie bei der Epilepsie – völlig ungeordnet. Der Besessene bleibt ansprechbar, auch wenn er nach der Krise kein Erinnerungsvermögen hat. Im krisenlosen Zustand kehrt der Besessene in sein Normalverhalten zurück ohne Anzeichen irgendwelcher Charakterveränderungen.

In der Epilepsie finden wir einen dem Anfall vorausgehenden besonderen Zustand: die aura epileptica. Unangenehme Sinnes- und Körperempfindungen treten auf, verbunden mit tonisch-klonischen Zuckungen der Muskeln und Glieder. Der Patient wird im sogenannten Großen Anfall irgendwo hingeworfen. Jede Sprachäußerung ist verunmöglicht. Im Laufe vieler Anfälle zeigen sich deutliche Charakterveränderungen wie Zähflüssigkeit und Perpetuieren von Gedanken, emotionale Klebrigkeit.

Ich habe versucht, an beobachtbaren Unterschieden und psychisch-physischen Veränderungen Besessenheitsphänomene und bekannte Krankheitsbilder voneinander abzuheben. Dennoch kann niemand weder den Beweis noch den Gegenbeweis führen, daß die Geschehnisse allein innerpsychisch oder von eindringenden Fremdwesen bewirkt worden sind.

Herrschende (uns beherrschende) Paradigmata erlauben es uns oft nicht, aus unseren Begrenzungen auszusteigen und neue Erfahrungen zu machen mit einer umfassenderen Wirklichkeitsstruktur. Diese nannte Paracelsus das Corpus subtile – feinstoffliche Wirklichkeit – und erkannte ihr eine eigene Gesetzmäßigkeit zu. Jeder zu unterscheidende Wirklichkeits-Bereich erfordert seine adäquate Methode zu seiner Erfassung, in unserem Fall zur Diagnosestellung. Wir können nur lernen, den uns zur Verfügung stehenden Wirklichkeitsbereich so akkurat und offen wie möglich zu erarbeiten. Echte Kritik sowie Lernprozesse kann es nur auf der jeweils gleichen Wirklichkeitsebene geben. Deswegen sind Ergebnisse auf anderen Wirklichkeitsebenen nicht überflüssig, sie haben jedoch nur in ihrem Bereich Gültigkeit. Ideologische Vorannahmen verhindern echtes Forschen. Dämonische Besessenheit gehört in den größeren Rahmen einer durchlässigen Begegnungsmöglichkeit von lebendigen Wesen der immanenten und der transzendenten Welt. Beide Welten sind – auch wenn es oft nicht so aussehen mag – aufgehoben in der Hand des lebendigen Gottes. Er weiß um den Sinn jeder einzelnen Besessenheit. Er ist es, der Heilung gibt oder anderes beschließt. Befreiungshelfer wie Psychotherapeuten sind dabei nur Mitarbeiter. Wir sollten nicht vergessen, daß jedes Wesen ein Geschöpf Gottes ist. Auch satanische Wesenheiten sind narzisstisch kränkbar. Letztlich zählt in all unserem Wirken nur geläuterte Liebe.

ANMERKUNGEN

1 Erika Bourguignon, Professorin für Anthropologie an der Ohio-State-University, zitiert bei Felicitas D. Goodman: «Ekstase, Besessenheit, Dämonen», Gütersloh 1991, Seite 30 ff.; dieselbe in: «Trance», Gütersloh 1992, Seite 25.
2 Ernst Benz: «Parapsychologie und Religion», Freiburg 1983, Seite 86.
3 Hans Naegeli, Psychiater in Zürich: «Umsessenheit und Infestation», Frankfurt 1994, Seite 21.

LITERATUR

Basham, Don: *Befreie uns von dem Bösen*, E. Franz, Metzingen 1984

Benz, Ernst: *Parapsychologie und Religion*, Freiburg i. Br. 1983

Blumhardt, Johann Christoph: *Die Krankengeschichte der Gottliebin Dittus*, Vandenhoeck & Ruprecht, Göttingen

Dam, Willem C. van: *Dämonen und Besessene*, Christiana, Stein am Rhein 1975

Dusen, Wilson van: *Der Mensch im Kraftfeld jenseitiger Welten*, Swedenborg, Zürich 1980 (S. 130–152)

Goodman, Felicitas C.: *Anneliese Michel und ihre Dämonen*, Christiana, Stein am Rhein 1980

Goodman, Felicitas C.: *Ekstase, Besessenheit, Dämonen. Die geheimnisvolle Seite der Religion*. Gütersloher Verlagshaus Gerd Mohn, Gütersloh 1991

Goodman, Felicitas C.: *Trance – der uralte Weg zum religiösen Erleben*, Gütersloher Verlagshaus Gerd Mohn, Gütersloh 1992

Koch, Kurt E.: *Besessenheit und Exorzismus*, Brunnen, Basel 1981

Naegeli, Hans: *Umsessenheit und Infestation. Die leichteren Formen der Besessenheit*, R. G. Fischer, Frankfurt a. M. 1994

Naegeli-Osjord, Hans: *Besessenheit und Exorzismus*, O. Reichl, St. Goar 1983

Peck, M. Scott: *Die Lügner. Eine Psychologie des Bösen – und die Hoffnung auf Heilung*, Claudius, München 1990

Rodewyk, Adolf: *Dämonische Besessenheit heute*, Christiana, Stein am Rhein 1970

Rodewyk, Adolf: *Die dämonische Besessenheit*, Pattloch, Aschaffenburg 1975

Wickland, Carl: *Dreißig Jahre unter den Toten*, O. Reichl, St. Goar 1989

Dämonen unter uns? – Erwägungen zum zeitgenössischen Exorzismus

Georg Schmid

Negativität läßt sich nicht normieren

Das Bild des Bösen verändert sich in den verschiedenen biblischen Schriften mit den Menschen und den Zeiten, die ihre Negativität erfuhren. Gemeinsam ist allen Zeiten nur die Überzeugung, daß ein unerklärbares Nein das große Ja Gottes zu seiner Schöpfung und seiner Schöpfung zu ihm immer wieder durchbricht. Dieses unerklärbare Nein entzieht sich jeder Theorie. Weder das, was Sünde ist, noch das, was eventuell Teufel oder Dämon ist, ist biblisch ein für alle Mal festgelegt. Der Teufel ist Diabolos, Durcheinanderbringer. Er durchbricht jede klare und definitive Doktrin. Christliche Seelsorge trägt dieser fast grenzenlosen Variabilität des Negativen Rechnung. In relativ eng begrenzter, besonders in hellenistischer Zeit wurde Negativität vor allem als Wirksamkeit von Dämonen erlebt. Wir sind als Christen weder gehalten, diese damalige Erfahrungsweise als Muster für die eigenen Erfahrungen zu übernehmen, noch sind wir berechtigt, den vielen Zeitgenossen, die heute wieder Dämonen erleben, diese Erfahrungen auszureden.

Dämonenglauben belächeln?

Wer Dämonen ins Reich der Schreckensmärchen verdammt, verdient unser Verständnis. Aber er hat allein durch seine aufgeklärte Betrachtungsweise sich noch in keiner Weise den Problemen lebensbedrohlicher Negativität entzogen. Und wer heute hinter jedem Busch wieder einen Dämon erblickt, verdient nicht unser bedauerndes Lächeln. Der dämonengläubige Mitmensch will in seinen Erfahrungen ernst genommen werden. Der christliche Seelsorger normiert nicht menschliche Erfahrung. Er hilft dem aufgeklärten und dem dämonengläubigen Zeitgenossen, in schwieriger Erfahrung nicht zu zerbrechen. Das heißt aber nicht, daß sich der Erfahrungskreis des Dämonengläubigen nicht auch noch ausweiten könnte. Kurz: Dämonenbegegnungen sollen nicht abgesprochen, sondern seelsorgerlich besprochen werden. Als christliche Seelsorger versuchen wir, den dämonengläubigen Zeitgenossen in Ängsten beizustehen, die oft alles Vorstellbare übersteigen.

Ursachen des Dämonenbooms

Warum gewinnt der Dämonenglaube in unserer Gegenwart offenkundig wieder an Boden? In der Spiritualität der Gegenwart erleben wir in der sogenannten Esoterik, aber nicht nur in ihr, eine Renaissance archaischer Denk- und Erlebnismuster. In Krisenzeiten fällt die Psyche beinahe in die Prähistorie zurück, in Muster vorrationaler Welt- und Lebensdeutung. Wir arbeiten mit Computern und sehen uns von Dämonen umringt.

Darin ist nur ein Widerspruch zu entdecken, wenn wir vergessen, wie wenig die emotionalen Möglichkeiten des Menschen sich in den letzten Jahrtausenden verändert haben. Als Techniker denken und als Vorzeitmensch empfinden – die beiden Möglichkeiten verbinden sich fast nahtlos in der postmodernen Existenz. Überdies entfaltet die alte und hochaktuelle Dämonologie ihre eigene Logik oder besser «Psychologik», die ohne Reflexionsbemühung verunsicherte Menschen faszinieren kann. Was immer mir an argen Belastungen und Schwierigkeiten begegnet, ist – so will es die Dämonologie – primär nicht mein Problem. Es kommt von außen. Es überfällt mich. Ich bin – in meinen Problemen – nur Opfer übermenschlicher Mächte. Wer will es mir verargen, wenn ich diesen Mächten ab und zu erliege? Dämonologie entlastet den einzelnen Menschen, ohne das Dunkel zu verharmlosen. Diese Entlastung macht Dämonologie zu dunklen Zeiten plausibel.

Dämonen als Halbwesen

Jeder mit der Dämonologie der Vergangenheit und Gegenwart auch nur ein wenig Vertraute wird dem modernen Verstand sofort zugestehen, daß es keine Dämonen gibt, wie es Menschen gibt oder Dinge. Dämonen sind nicht, Dämonen werden und vergehen. Dämonen sind Halbwesen, angesiedelt in jenem weiten Grenzbereich zwischen Wahn und Wirklichkeit, zwischen bloßer Subjektivität und angeblicher Objektivität. Dämonen haben – im Unterschied zu allen Dingen und Menschen, die uneingestanden sind – auch keine eigene, greifbare

Identität. Sie ändern laufend ihre Erscheinungsweise.
Im nächsten Moment sind sie wieder überraschend anders. Wer nach Dämonen greift, wird immer nur ins
Leere greifen. Und trotzdem zeigen sie offenbar ihre
Wirkung. Ein großer Teil wacher Zeitgenossen rechnet
damit, daß Dämonen wirken, auch wenn sie offenbar im
üblichen Sinne gar nicht sind. Sie sind nicht nichts und
nicht Wirklichkeit. Sie sind dauernd sich wandelnde
Halbwesen.

Dämonen kehren heim

Jeder Besessene wird heimgesucht. Da will etwas in ihn
eindringen, was er in keiner Weise in sich wohnen lassen darf. Woher, fragt der moderne Betrachter der zeit-
genössischen Exorzismusszene, kommt das, was in den
Menschen eindringen will? Warum wollen Dämonen
fast um jeden Preis im Menschen wohnen? Weshalb
sind sie ohne einen menschlichen Geist oder Körper
ewig ruhelos und heimatlos?

Wahrscheinlich – die Antwort liegt für den modernen
Betrachter beinahe auf der Hand – will da etwas in den
Menschen eindringen, was zuvor aus dem Menschen
verbannt und verjagt worden ist. Dämonen sind wahrscheinlich zum größten Teil Schatten, die wir in uns
nicht wahrhaben wollten, die wir verdrängt, von uns ab-
gespalten haben. Unsere Verdrängung verleiht diesen
Schatten plötzlich eine Eigendynamik. Was vorher nur
verdrängte Angst oder Schuld gewesen ist, nur nicht
akzeptierte psychische Energie, handelt plötzlich, wie
wenn es ein eigenes Wesen hätte. Die Schatten begin-

nen zu sprechen, zu agieren. Sie flüstern uns ihre Ideen ins Ohr, stellen uns ihre Fratzen vor Augen. Sie tun plötzlich so, als ob sie eigenständige, personal agierende Wesen wären. Bevor wir sie aus unserem Bewußtsein verbannten, waren sie apersonale psychische Energie in uns. Jetzt sind sie außermenschliche Kräfte und halbpersonale Wesen, die herumflattern und uns umkreisen. Sie möchten dahin zurück, woher sie kamen.

Der unreflektierte Exorzismus stärkt die Dämonen

Der naive Exorzismus, der sich über die Entstehung der Dämonen keine Gedanken macht, wiederholt rituell, was der geplagte Mensch psychisch schon im Alleingang versucht hat: Er verjagt die dunkle Energie. Weil aber alles Verdrängen das Verdrängte nur stärkt und im Extremfall ins Dämonische steigert, wird der naive Exorzismus ungewollt zum Handlanger der Dämonen. Er schenkt den Dämonen neue Energie. Mit jedem scheinbar gelungenen Exorzismus gewinnen die Unholde an Macht. Sie werden nach jedem Exorzismus mit neuer Wut das Haus des menschlichen Geistes bestürmen und keine Ruhe geben, bis nicht ihr Opfer kapituliert. Das NT hat diesen durch Exorzismus gesteigerten Dämonenkampf in Lk 11,24 ff. beschrieben. Das dort erwähnte «gesäuberte und geschmückte» Haus muß den unreinen Geist reizen. Wer die dunklen, «unsauberen» Aspekte seiner Person verdrängt, steht vermeintlich tadellos da. Aber er ist erst recht dämonenanfällig. Er reizt die Dämonen zum Generalangriff. Auch in den erwähnten Jesusworten endet das Drama des naiven Verdrängens mit einer Katastrophe: «Und es wird nachher mit jenem Menschen schlimmer als vorher.»

Dämonen als gefallene Engel

Nach alter, von zeitgenössischer psychologischer Betrachtung aufgegriffener Deutung sind Dämonen entweder selber gefallene Engel oder aber Diener und Begleiter eines gefallenen Engels, des Satans. In der zuerst erwähnten Sicht hat der ganze Himmel in der Hölle sein Spiegelbild. Satan wird zum Zerrbild Gottes, der Dämon zum Zerrbild der Engel. Dieses konträre Nebeneinander von göttlicher und satanischer Welt entspricht in seinem unverhohlenen Dualismus beinahe dem altpersischen Dualismus, der auch weite Teile des späteren Alten Testamentes und der hellenistischen Umwelt der frühen Christen geprägt hat. In seiner zweiten, temperierten Form ist der Dämon nur die Chance für den dunklen Engel Satan, Allgegenwart annähernd zu erreichen, eine Möglichkeit, die sonst nur Gott zukommt. Mit Hilfe seiner Helfershelfer zeigt der Satan zwar nicht Allgegenwart, aber doch dunkle Präsenz an allen Ecken und Enden der Erde.

Engel – oder indirekt auch Engelsdiener – sind Botschafter. Auch der Dämon ist noch Botschafter. Im mythischen Bild der von Engeln und Dämonen erfüllten Welt dient der Engel dem göttlichen Willen, der Dämon verweigert offen diesen Dienst. Aber Gott bedient sich sogar dieser Verweigerung. Wider Willen oder sich selber kaum mehr bewußt, übermittelt der Dämon eine wichtige und manchmal sogar notwendige Botschaft. Der Dämon gleicht einem scheußlichen Briefträger. Alles an ihm ist Fratze und Zerrbild. Aber der Brief, den er uns entgegenstreckt, will gelesen und ernst genommen werden. Erst, wenn wir bereit sind, die Botschaft anzunehmen und zu lesen, verschwindet der Botschafter auf Nimmerwiedersehen. Andernfalls kehrt er ständig zurück und poltert immer heftiger an unsere Türe. Psychologisch reflektierende Seelsorge hilft dem angstgeplagten und von Dämonen verfolgten Menschen, zwischen Botschaft und Botschafter zu unterscheiden und die Botschaft anzunehmen, damit der Botschafter sich zurückziehen kann. Wenn wir diesen reflektierten und differenzierteren Umgang mit Dämonen Exorzismus nennen wollen, so wäre es Kennzeichen dieses Exorzismus, daß wir niemanden und nichts verjagen, sondern daß der Dämon zur rechten Zeit sich von selbst zurückzieht, und es wäre schönster Beleg für die Wirksamkeit dieses Exorzismus, daß der Dämon gar nicht mehr zurückkehren will, weil er seinen Auftrag erfüllt hat. Die ganze Welt ist nach biblischer Überzeugung dem guten Willen Gottes unterstellt. Ich bin als Christ überzeugt, daß sogar Dämonen trotz aller Persiflage einen notwendigen Auftrag erfüllen.

Im dämonologischen Teufelskreis

Bei allem Verständnis für die Erfahrungsweisen des dämonengläubigen Zeitgenossen kann ein verhängnisvoller Zirkel als eigentlicher dämonologischer Teufelskreis nicht übersehen werden. Der Dämonenglaube neigt dazu, im Blick auf menschliche Belastungen und psychische Probleme alle anderen Deutungsweisen auszuschließen. In der Depression wirkt der Dämon der Depression, in der Sucht der Dämon der Sucht, in Zwängen der Dämon des Zwanges. Der monomane Dämonenglaube kennt eine Ursache für alle Übel – die Dämonen – und eine Therapie – den Exorzismus. Exorzismus wird auf verschiedene Weise bei jeder passenden und unpassenden Gelegenheit geübt. Dabei kann der kritische Beobachter nicht jedem Exorzismus oder jedem Kampfgebet gegen Ungeister suggestive, im Moment psychisch entlastende Kraft absprechen. Aber andere, tiefergreifende und länger wirksame Lösungswege werden in dieser Exorzismuseuphorie oder Exorzismusmanie ausgeschlossen. Daß diese Exorzismusmanie mehr Probleme schafft als löst, liegt auf der Hand. Die hoffnungslosen Fälle in der dämonengläubigen Seelsorge demonstrieren für den dämonengläubigen Seelsorger die Macht der Unholde und die Tragik schuldhafter menschlicher Verstrickung. Für den nicht dämonengläubigen Seelsorger zerbrechen manche Zeitgenossen nicht unter dem Angriff der Dämonen, sondern unter dem Anspruch der Dämonologie, die Standardlösung für alle psychischen Probleme zu kennen.

Angst schafft sich ihre eigene Welt

Wie immer wir die Dämonenfurcht der Gegenwart deuten, sicher sind die Dämonen ein Alarmsignal für unsere Ängste. Die Angst der gegenwärtigen, unsicheren Zeit bricht sich neue Bahnen, weil sie sich in der bislang gewohnten Vorstellungswelt nicht mehr artikulieren kann. Sie durchbricht die Regeln der üblichen Logik und das zur Zeit scheinbar adäquate Bild der Welt. Sie schafft sich ein Weltbild, zusammengesetzt aus Fragmenten archaischer Weltdeutung, Elementen persönlicher und kollektiver Träume und Konsequenzen moderner Spitzentechnologie – eine Welt, archaisch und topmodern zugleich, mythisch und rational, eine Welt voller Computer und voller Dämonen, voller Laborexpertisen und Engelerscheinungen. Kurz: Angst führt uns in die bizarre postmoderne Welt der Gegenwart. Die Frage, ob dieses postmoderne Weltbild berechtigt ist, können wir uns im Grunde genommen ersparen. Sie ist hinfällig. Angst schafft sich das Weltbild, das ihr entspricht. Viel wesentlicher ist die Frage: Was können wir tun, um die Ängste der Gegenwart zu verwandeln in Gottvertrauen und in nüchternen Sinn fürs Machbare? Als Christen können wir nicht Weltbilder diskutieren, ohne uns der Angst zu stellen, die sie schuf. Denn was Dämonen wirklich sind, kann niemand sagen. Aber was Ängste sind, das sagt uns der Dämonenglaube deutlich genug.

Liturgie zur Befreiung vom Bösen – Exorzismus in der katholischen Kirche

Joachim Müller

Der Katholische Erwachsenenkatechismus definiert: «Wenn die Kirche amtlich und vollmächtig im Namen Jesu Christi um den Schutz vor den Anfechtungen des bösen Feindes und um Befreiung von seiner Macht bittet, spricht man von Exorzismus. Jesus selbst hat ihn geübt (vgl. Mk 1,25 u. a.) … In einfacher Form wird der Exorzismus bei der Taufe, bei der Weihe des Weihwassers u. a. gebraucht. Der feierliche, sogenannte große Exorzismus darf nur mit Erlaubnis des Bischofs vorgenommen werden. Dabei ist mit Klugheit und Nüchternheit streng nach den von der Kirche aufgestellten Kriterien vorzugehen. In keinem Fall ist der Exorzismus ein Ersatz für ärztliche Bemühungen.»
(Katholischer Erwachsenenkatechismus, hg. Deutsche Bischofskonferenz, Bonn 1985, 328 f.)

Exorzismus (Exhorkizo [griech.], von horkos: Eid, Schwur, bedeutet Beschwörung) ist ein Sakramentale: mit Gebeten und rituellen Handlungen wird unter Anrufung der Macht Gottes die Abwehr des Bösen erfleht.

Einige theologische Voraussetzungen

Bedingt durch das biblische Zeugnis, hält die römisch-katholische Kirche grundsätzlich an der *Möglichkeit* der «Besessenheit» und der damit verbundenen Lehre über die Existenz dämonischer Mächte als zum Glauben gehörig fest. In diesem Sinne hat die Kirche die von Christus empfangene Gewalt, Dämonen auszutreiben, ausgeübt. Denn sie sieht den Weg der Christ-Werdung als geistlichen Kampf gegen die Macht des Bösen an. Die theologische Erklärung des Exorzismus bedarf jedoch einer «sorgsamen Situierung vom Ganzen des Glaubens».

Dabei ist festzuhalten, daß das biblische Gottesbild keinen Dualismus zuläßt. Das Böse kann daher *niemals* eine eigenständige Gegenmacht gegen Gott sein, sondern es hat bleibend einen oder mehrere geschöpfliche Träger. Das Böse hat immer seinen Ursprung auch in der Freiheit des Geschöpfs, das – von Gott gut geschaffen – sich in Freiheit von ihm abwendet und sich damit zum Bösen hinwendet. Als Schöpfer bleibt Gott aber der Herr gegenüber dem Bösen und kann als solcher auch der Retter und Erlöser vom Bösen sein. Bedingt durch die Freiheit des Geschöpfes, durch die das Böse in die Welt kommen kann, darf eine Annahme der dämonischen Mächte als kosmische Kräfte, die einen Weltbezug analog demjenigen von Leib und Seele haben, daher nicht die sittliche Freiheit und Verantwortung des Menschen zudecken – weder nach der negativen (Sünde und Unglaube) noch nach der positiven (Glaube und Leben aus dem Glauben) Seite.

Änderungen seit dem 2. Vatikanischen Konzil (Liturgiereform)

In den neuen liturgischen Büchern seit 1968, sowohl im deutschen wie auch im römischen Benediktionale, gibt es *keine* Exorzismen mehr. Ihre Stelle nehmen teilweise Gebete ein, andere wiederum sind ersatzlos gestrichen worden. Auch in der *Taufliturgie* blieben nur deprekativische Gebete mit neuen Texten (Bitte um Schutz vor dem Bösen; Absage an Satan und seine Werke), die jedoch irreführenderweise mit «Exorzismus» oder «Exorzismusgebete» überschrieben wurden. Dies trifft auch auf das Gebet über dem Taufwasser zu.

Bis 1969 enthielt die Taufliturgie einen längeren antidiabolischen Passus in imperativer Formulierung. Der neue Text der Taufliturgie (1969 für Kinder; 1972 für Erwachsene und Kinder im Schulalter) und die Gebete über das Wasser enthalten nun keine antidiabolischen, imperativisch formulierten Textstellen mehr. Seit 1972 kann jedoch die jeweilige Bischofskonferenz in Regionen, wo magische Praktiken und/oder Geisterverehrung zum Alltagsgeschehen gehören (z. B. in Afrika oder Lateinamerika), beschließen, einen Exorzismus in den Taufritus einzufügen.

Ebenfalls wurden *Sachexorzismen* (Weihwasser, Salz, Chrisam, Katechumenen- und Krankenöl) u. a. ersetzt durch Gebete um Schutz vor «Anfechtungen des Bösen».

Exorzismus – Liturgie zur Befreiung vom Bösen

Exorzismus ist heute zu verstehen als «Liturgie zur Befreiung vom Bösen», d. h. als ein Gottesdienst für einen Menschen, der sich von der Macht des Bösen in besonderer Weise betroffen fühlt. Gemeint sind dabei Menschen, die zu einem Seelsorger kommen und ihn bitten, in einer spezifischen Situation mit ihm zu beten oder Gottesdienst zu feiern. Aus der Gnade Gottes soll durch die Befreiung von Bösem neues Leben erwachsen. Diese läßt sich jedoch nicht durch «Exorzismus» magisch (z. B. Geisterbeschwörung) erzwingen.

Daher ist die seit dem Mittelalter in der Westkirche anzutreffende imperative Form ebenso wie das insistierende Befragen nach den Namen der sogenannten Teufel und Dämonen, wie sie im Exorzismus des Rituale Romanum von 1614 formuliert sind, theologisch wie psychologisch bedenklich, auch wenn das faktisch existierende Böse aus theologischen wie psychotherapeutischen Gründen nicht verdrängt werden darf. So können – psychotherapeutisch gesehen – durch die Nennung von Dämonennamen/Namen der Teufel multiple Persönlichkeitsspaltungen (Schizophrenien) oft erst geschaffen werden. Denn diese stehen in einem unmittelbaren Zusammenhang mit vorausgesetzten anthropomorphen Dämonenvorstellungen und verstärken diese. Theologisch wird der Exorzismus als ein Geschehen gedeutet, in dem sich das Reich Gottes verwirklicht und Jesus Christus (durch den Exorzisten) als Arzt wirkt.

Das Rituale Romanum von 1614

Das erste offizielle Rituale Romanum von 1614, das zuletzt 1954 in einer erneuerten und angepaßten Fassung erschien, enthält in seinem Titel «De exorcizandis Obsess. a daemonio» neben der Großen Litanei, neben Psalmen (54, 91, 68, 70, 54, 118, 35, 31, 22, 3, 11, 13), Magnificat, Benedictus, Lesungen (Joh 1,1–14; Mk 16,15–18; Lk 10,17–20; Lk 11,14–22), Pater Noster, Ave (wiederholt), Credo Nicaenum und Athanasianum u. a. folgende alten Texte und Gebete: «Deus cui proprium» (Greg. 851, pro peccatis), «Exorzismus Praecipio tibi» (Rituale Romanum Gregori XIII des Kardinal Santoro, gedruckt 1584–1602 als Vorarbeit des Rituale Romanum) und andere mehr.

Der Aufbau des Exorzismus nach dem
Rituale Romanum von 1614:

Eröffnung:
Allerheiligenlitanei
Antiphon – Paternoster – Psalm 54
Kreuzzeichen – Salutatio – Gebet zur Eröffnung
Gebet gegen den Teufel

1. Hauptteil:
Wortgottesdienst
4 Lesungen aus dem Evangelium

2. Hauptteil:
Exorzismus:

Salutatio
Vorbereitungsgebet, an Christus gerichtet
Kreuzversikel
Gebet: Anrufung des Namens Gottes
Erster Exorzismus

Salutatio
Gebet (um Schutz und Stärkung des
Besessenen)
Zweiter Exorzismus

Salutatio
Gebet (verschiedene Inhalte: Heilige, Schöpfer)
Dritter Exorzismus

(wird bei Bedarf wiederholt)

Paternoster, Ave Maria, Credo, Magnificat,
Benedictus, Psalmen
(als mögliche zusätzliche Gebete)

Schlußteil:
Gebet um Befreiung

1925 wurde der unter Leo XIII 1890 herausgegebene «Exorcismus in stanam et angelos apostaticos» aufgenommen, der u. a. die folgenden neuen Texte enthielt: ein Gebet zum hl. Michael, einen Exorzismus mit einer indikativischen Einleitung und den Text eines Schlußgebetes.

Auf dem Weg zu einer neuen «Liturgie»

Einen wichtigen Wandel gegenüber der früheren seelsorgerlichen Exorzismuspraxis ergibt sich aus einer Neuordnung, die in den achtziger Jahren erarbeitet und 1990 den Bischöfen zur vertraulichen Vernehmlassung zugesandt wurde. Diese Neuordnung des Exorzismus soll das Rituale Romanum von 1614, das 1954 in einer erneuerten Fassung erschien und bis in die jüngste Vergangenheit Gültigkeit hatte, ablösen.

Bereits 1985 wurden in einem Schreiben der Glaubenskongregation an die Bischöfe Richtlinien erlassen, die diesbezügliche Konsequenzen für die seelsorgerliche Praxis ziehen. «Praenotanda», die dem Modell einer solchen Liturgie vorangestellt sind, sollen die Bedingungen und Voraussetzungen darlegen. Diese sollen jedoch nicht nur theologische, liturgische und rechtliche Aspekte deutlich machen, sondern auch die aus der Sicht der Humanwissenschaften unverzichtbaren Bedingungen und Voraussetzungen klären.

So wird als Voraussetzung für die Anwendung des Exorzismus eine vorherige Abklärung verlangt, bei der alle Möglichkeiten von Medizin und Psychologie auszuschöpfen sind. Auch darf bei Anwendung des Exorzismus eine medizinische Behandlung nicht unterbrochen werden. Wenn Angehörige eine medizinische Behandlung ablehnen, darf ein Exorzismus *nicht* vollzogen werden. Ebenfalls darf kein Probeexorzismus mehr ausgeführt werden. Damit wurde das Kirchenrecht (can. 1172 CIC) durch das Schreiben der Kongregation für die Glaubenslehre vom 29. 9. 1985 verschärfend ergänzt.

In schwierigen Fällen der Beurteilung, ob ein Exorzismus angewendet werden soll, ist der Ortsbischof anzufragen. Bei ihm liegt die Entscheidungsbefugnis, und er hat die Möglichkeit, gegebenenfalls zusätzliche Gutachten von Fachleuten einzuholen.

Bei der Diskussion um den Exorzismus wird deutlich, daß es sich bei der Feststellung von Besessenheit um ein Grenzproblem handelt, das kaum sichere Kriterien zur Identifizierung kennt. Vor allem die im Rituale Romanum von 1614 genannten Kriterien (z. B. mehrere Wörter einer unbekannten Sprache sprechen oder einen in einer fremden Sprache Redenden verstehen können; entlegene und verborgene Dinge offenbaren; über das Alter und die natürlichen Anlagen hinausgehende Kräfte zeigen) scheinen wenig geeignet, das Wirken dämonischer Mächte eindeutig zu diagnostizieren. Benannt werden daher neu andere Zeichen wie solche im Bereich des sittlichen Handelns, der Abkehr von religiösen Dingen und die Beziehungen zu den Zeichen des christlichen Glaubens und Lebens, die das Wirken dämonischer Mächte *möglicherweise* erkennen lassen sollen.

Grundsätzlich soll jedoch nur dann ein Exorzismus vollzogen werden, wenn ein «teuflisches Wirken *mit hinreichender Sicherheit*» zu erkennen sei. In diesem Sinn gilt auch eine deutliche Einschränkung für die Anwendung des Exorzismustextes: Nur wenn die Sicherheit gegeben ist, daß der Böse vorhanden ist, darf auch eine imperativische Form des Exorzismusgebetes gewählt werden; ansonsten ist eine deprekative Formulierung (als Bitte an Gott gerichtet) zu wählen. (Diese imperativischen Exorzismus-Formeln erscheinen mir problematisch, da sie den Eindruck erwecken, der Exorzist selber – statt Gott/Jesus Christus – vertreibe den unreinen Geist, besonders wenn da steht: «Ich beschwöre dich ...» Besser klingen die Texte, in denen es heißt: «Das befiehlt dir Jesus Christus ...» Grundsätzlich sind die deprekativen Formeln vorzuziehen!)

Bei der Untersuchung hat der Exorzist auch Fälle zu unterscheiden, in denen – auch gläubige – Menschen überzeugt sind, sie oder Angehörige oder ihr Besitz seien Opfer von (schwarzer) Magie, von bösen Machenschaften oder von Verfluchung geworden. Gerade hier wissen die Verfasser des Exorzismus, wie rasch und leichtgläubig oft angenommen wird, jemand sei von einem bösen Geist besessen, wenn der Betreffende unter einer (meist psychischen) Krankheit leidet oder sich einbildet, er werde in besonderer Weise gequält, oder andere dies von ihm annehmen. Diesen soll der Exorzist zwar seelsorgerlichen Beistand leisten, es ist ihm jedoch in solchen Fällen verboten, einen (Probe-)Exorzismus zu vollziehen.

«Liturgie zur Befreiung vom Bösen» –
das neue Modell eines Exorzismus-Ritus:

- Aussprengung des Weihwassers als Erinnerung an die in der Taufe geschenkte Reinigung

- Litanei – Fürsprache aller Heiligen um Gottes Hilfe, Bitte um Barmherzigkeit gegenüber der vom Bösen gequälten Person

- Verkündigung des Evangeliums – Schutz/Heil (Joh 1,1–14; Mt 4,1–11 u. a.)

- Psalmen (3; 10; 12; 30 u. a.), die den Schutz Gottes erbitten und den Sieg Christi über das Böse rühmen
  Glaubensbekenntnis
  Gebet des Herrn: Vater unser

- Das Kreuz als Zeichen der Macht Christi über den Teufel und der Quelle des Segens und der Gnade wird dem gequälten Menschen gezeigt und mit ihm das Kreuzzeichen über ihn gemacht; anschließend Handauflegung unter Anrufung des Heiligen Geistes

- Exorzismusformel: (deprekativ [neu]: als Bitte an Gott gerichtet; imperativisch: als Aufforderung an den Teufel, vom Besessenen zu weichen):
  «Durch das Zeichen des Kreuzes befreie dich unser Gott vom bösen Feind» oder «Das heilige Kreuz sei dir Licht und Leben»
  + Exorzismusgebet (verschiedene Formen): darf nur vom Priester (Exorzist) gesprochen werden

- Danksagung
  Gebet
  Segen

Exorzist – eine besondere Beauftragung

«Exorzisten» in der römisch-katholischen Kirche sind heute daher *Priester*, die, auf Dauer und im Einzelfall mit diesem Amt betraut, nur mit besonderem bischöflichem Auftrag diesen Gottesdienst feiern dürfen. Diese müssen sich durch Frömmigkeit, Wissen, Klugheit und untadeligen Lebenswandel auszeichnen und für diesen besonderen Dienst besonders vorbereitet werden.

Diese Priester sollten daher heute in der Regel entsprechende Kenntnisse und Erfahrungen besitzen – z. B. ein Zusatzstudium in Psychologie/Psychiatrie und/oder eine entsprechende Ausbildung in psychiatrischen Kliniken erworben haben –, die ihnen für die Einschätzung und Unterscheidung auch die entsprechenden Fähigkeiten geben. Dabei sollten sie sich während dieser Ausbildung auch mit den Symptomen von Geisteskrankheiten (Krankheitsbilder von multiplen Persönlichkeiten, z. B. Schizophrenie) vertraut machen.

Da Seelsorger gerade bei Anfragen und der Bitte um Exorzismus oft mit solchen (Geistes-)Krankheiten konfrontiert werden, ist eine Zusammenarbeit zwischen den Fachleuten verschiedener Bereiche besonders wichtig und sollte heute Voraussetzung sein. Dabei darf der Priester und Seelsorger, der gegebenenfalls den Exorzismus ausführt, jedoch nicht die Aufgabe des Mediziners oder des Psychotherapeuten übernehmen, von denen wiederum erwartet wird, daß sie eine entsprechende Sensibilität gegenüber geistlichen Dingen haben. Die Notwendigkeit der *Zusammenarbeit der Priester* mit den Vertretern dieser Fachrichtungen – besonders bei

religiös beeinflußten Phänomenen, die als Besessenheitsphänomene eingestuft werden – wird von den
Verantwortlichen in der Kirche durchaus gesehen und
gefordert. Ebenso ist die Zusammenarbeit mit den
Grenzwissenschaften (z. B. Parapsychologie) und sind
deren Erkenntnisse über die Grenzbereiche bei der Einschätzung erwünscht.

Das Gespräch mit den Humanwissenschaften

Bereits in seinem Schreiben vom 1. April 1947, das dem
Rituale von 1954 vorausging, verlangte das Hl. Offizium,
im Bewußtsein der Problemlage, ausdrücklich eine Er-
weiterung des Krankheitsbegriffs entsprechend dem
Stand medizinischer, neuropsychiatrischer und psychologischer Erkenntnisse. Diese Zusammenarbeit wurde auf
den neuen Exorzismus hin – bedingt durch entsprechende
(Konflikt-)Fälle, wie z. B. im deutschsprachigen Raum
den Fall Anneliese Michel – angestrebt und in der Diskussion, die seit diesen Jahren u. a. durch die von der
deutschen Bischofskonferenz eingesetzte Kommission
stattfindet, trotz gelegentlicher Rückfälle in fundamentalistische vorkonziliäre Denkmuster als besonders wichtig
erachtet.

Verbot des Kleinen Exorzismus 1985

Dazu gehört auch das Verbot des 1929 dem Rituale Romanum von 1614 hinzugefügten – unter Papst Leo XIII.
(1890) entstandenen – Kleinen Exorzismus, der oft

auch von (unqualifizierten) Laien praktiziert wurde. Diese Praxis, die auch in charismatischen Kreisen Eingang fand, wurde von der Kongregation für die Glaubenslehre im Jahr 1985 verboten. Zuvor hatte Kardinal Suenens in seinem Buch «Renouveau et Puissances de ténèbres» (Mechelen 1982, dt.: Erneuerung und die Mächte der Finsternis, Salzburg 1983) auf die Fragen und Probleme aufmerksam gemacht, die sich aus exorzistischen Praktiken im Zusammenhang mit der charismatischen Erneuerung ergeben haben und die nach einer kritischen Hinterfragung (im Sinne der Unterscheidung der Geister) ebenso wie nach einem Eingreifen der verantwortlichen Kreise riefen. Im Vorwort zu diesem Buch macht Kardinal Ratzinger darauf aufmerksam, daß im Gebet um die Befreiung von den Dämonen als dem Exorzismus ähnlichem Ritual, wie es in charismatischen Kreisen praktiziert wurde, «auch erhebliche Gefahren lauern, denen ... nur mit einer Wegweisung von innen her», durch «pneumatische Nüchternheit» als Gabe des Hl. Geistes zu begegnen ist.

Besonders gewisse fundamentalistische Kreise innerhalb der katholischen Kirche sollten diese Vorbehalte und Stopschilder berücksichtigen, wenn sie – ähnlich wie Dr. Lisl Gutwenger – fordern: «Treibt die Dämonen aus» oder Dämonen- und Teufelsaustreibungen in der Präsentation der «einschlägigen Erkenntnisse und Argumente der führenden Dämonologen A. Rodewyk und C. Balducci» (Elisabeth Becker [Hg.], Der Exorzismus der Kirche unter Beschuß, Christiana Verlag 1996) verteidigt werden.

Mit diesen Maßnahmen reagierte die Kirche auf Mißbräuche, die u. a. auch als «wilde Exorzismen» im kirchlichen Raum vorgekommen sind (und leider auch heute noch vorkommen). Ohne theologisch die Realität des Dämonischen, des Bösen zu verdrängen und das Wissen des Menschen um diese Realität und die erfahrene Bedrohung durch diese Mächte zu mißachten, soll in diesem neuen Exorzismus als «Liturgie zur Befreiung vom Bösen» der Mensch mit seinen Licht- und Schattenseiten und sein Glaube an einen liebenden und daher helfenden wie heilenden Gott ernst genommen werden.

Weil aber auch Gläubige, von der Realität des Bösen betroffen, in dieser Sache zu beten wünschen – auf die Hilfe des guten, helfenden und rettenden Gottes hoffend –, sollte das (private) Beten um den Schutz vor dem Bösen mitbedacht werden. Dazu sollen Christen ebenfalls ermuntert werden. Es eignet sich dafür besonders das Herrengebet, das Vater unser; dessen letzte Bitte kann als privater «Exorzismus» verstanden werden: «Führe uns nicht in Versuchung, sondern erlöse uns vor dem Bösen.» Ähnliches gilt auch für das (östliche) Jesusgebet, das Herzensgebet, oder von jener schönen irischen Segens- und Schutzformel: «Christus sei über mir, Christus sei unter mir, Christus sei vor mir, Christus sei hinter mir …», in der Christus wie ein Schutzwall erscheint.

Zwanzig Jahre nach Klingenberg

Johannes Mischo

1. Was war damals?

Am 1. Juli 1976 verstarb die 23jährige Pädagogik-Studentin Anneliese Michel in Klingenberg. Vorausgegangen waren 67 Exorzismen, orientiert an den Regeln des Rituale Romanum von 1614 mit nur zwei geringfügigen Änderungen aus dem Jahr 1952. Der Tod des Mädchens löste Bestürzung aus: bei den Eltern, den Exorzisten, dem Arzt, der den Totenschein ausstellen sollte, sowie den Kommentaren der Massenmedien, die sich die sensationelle Meldung «Exorzismus mit Todesfolge» nicht entgehen ließen.

Unmittelbar nach dem Tod der Studentin schaltete sich die Staatsanwaltschaft ein und recherchierte wegen unterlassener ärztlicher Hilfeleistung. Am 13. Juli 1977 wurden Annelieses Eltern und zwei Pfarrer, welche die Exorzismen durchgeführt hatten, angeklagt. Der Prozeß fand vor dem Landgericht Aschaffenburg im Frühjahr 1978 statt.

Es gab eine Fülle von Stellungnahmen zu diesem Fall: von kirchlicher Seite, aus Laienkreisen, von Medizinern, Juristen, Psychologen und Theologen. In diesem Zusammenhang möchte ich das Buch von Felicitas

Goodman besonders erwähnen, das die meisten Informationen über Anneliese, ihr Familie und den Freundeskreis enthält (Goodman 1980).

2. Computerisierte Erfassung aller veröffentlichten Datenquellen bis 1983 sowie Tonbandaufzeichnungen der 67 Exorzismen

Bei dem hohen Komplexitätsgrad der Veröffentlichungen zum Fall Klingenberg haben wir uns entschlossen, alle uns zugänglichen Daten in den Computer einzuspeisen, um sie nach fünf Kategorien gestaffelt in der zeitlichen Abfolge darzustellen, damit eine möglichst objektive Rekonstruktion des Geschehens gewährleistet werden konnte. Diese Kategorien sind:

1. Daten, die Anneliese selbst und ihre Familie betreffen,
2. Krankheiten, medizinische Diagnosen und Therapieansätze,
3. religiöse Aktivitäten und Bewältigungsversuche,
4. Feststellungen des Gerichtes,
5. Reaktionen von Presse und Fernsehen.

In aller gebotenen Kürze möchte ich zur Veranschaulichung ein Beispiel dieser umfangreichen Dokumentation vorstellen; jeder der mit PC-Arbeit vertraut ist, weiß den Vorteil zu schätzen: Man kann aus dem Gesamt der Datenvielfalt eine Optimierung unseres Wissens herbeiführen.

Quelle(n): B15 F40 G50 G286 ME, 6 APR 78
Datum: 5 SEP 72
Feld(er): *m
Bezugsperson(en): Dr. Lüthy
Text: EEG/Zentropil – Bericht von Anfällen

E: Neurologische Untersuchung bei Dr. Lüthy, EEG wieder
R: ohne Befund.
   AM gab an, sie habe noch (weitere) Anfälle gehabt.
E: Deswegen verschrieb Dr. Lüthy Zentropil wegen vermute-
I: ter Epilepsie.
   (Dies war wohl die erste Verordnung von Zentropil.)
G: In seiner Befragung vor Gericht am 5 APR 78 gab
N: Dr. Lüthy an, er hätte die Anfälle von AM für «epilep-
I: tiforme» zerebrale Krampfanfälle gehalten und habe
   gegenüber AM oder anderen Personen die Diagnose
S: «Epilepsie» nicht verwendet. Von Teufelsfratzen hätte
S: er auch gewußt, dazu jedoch keine Verbindung gese-
   hen, sondern diese als Vorsymptome einer Psychose
E: gehalten.

Quelle(n): B15 G51 G286
Datum: OKT 72
Feld(er): *m *p
Bezugsperson(en): (Dr. Lenner)
Text: Absencen, Steifwerden, Gestank

E: Gegenüber Dr. Lenner gab AM im Frühjahr 1974 aus-
R: drücklich an, bei ihr hätten sich die Absencen und das
E: Steifwerden ab Oktober 1972 gehäuft eingestellt.
I: Außerdem nahm sie öfters einen bestialischen Gestank
G: wahr, den andere zunächst nicht merkten. Ferner traten
N: vor ihren Augen wieder die teuflischen Fratzen auf,
I: nicht nur einzelne, sondern eine ganze Schar. (B)
S: –
S: –
E: . +/– Z

Quelle(n): B15 G51 G286
Datum: 8 NOV 72
Feld(er): *m
Bezugsperson(en): ?
Text: Anfall
E: Anfall, vermutlich aber kein schwerer, laut Krankenblatt
R: von Dr. Lüthy.
E:
I: Dies war der letzte, sicher verbürgte epileptische Anfall
G: von AM.
N: –
I: –
S: –
S: –
E: –

Durch den Vergleich und die Interpolation aller dieser
Daten kann man – so glaube ich – der wahren Entstehungsgeschichte dieser speziellen Form von «dämonischer Besessenheit» näherkommen. Auf dieser Grund-
lage haben Dr. Ulrich Niemann, Theologe, Fachpsychia-
ter mit umfangreicher Praxis, und ich in der «Zeitschrift
für Parapsychologie und Grenzgebiete der Psychologie»
(1983, 25, Nr. 3/4) gemeinsam einen 66 Seiten umfas-
senden Beitrag dazu veröffentlicht.

3. Zeitliche Übersicht und Entwicklungsverlauf

Als eine Orientierungshilfe habe ich den Verlauf dieser
Tragödie auf einer Zeitachse geordnet (erste Spalte).
Die zweite Spalte zeigt Daten, die Anneliese Michel
selbst und ihre Familie betreffen. Die dritte Spalte enthält Krankheiten der Anneliese, medizinische Diagnosen und Therapieansätze und die vierte Spalte religiöse
Aktivitäten und Bewältigungsversuche.

Zeitliche Übersicht über den Entwicklungsverlauf von A. MICHEL

Zeitachse	Daten, Anneliese selbst u. ihre Familie betreffend	Krankheiten, medizinische Diagnosen u. Ther.ansätze	religiöse Aktivitäten u. Bewältigungsversuche
9. 5. 1948	Geburt der ersten Tochter Martha		
9. 1950	Heirat der Eltern Michel		
9. 1952	Geburt ANNELIESE		Verfluchung A.s im Mutterleib
1954	Geburt Gertraud Maria		
1956	Geburt Barbara	ANNELIESE Masern, Ziegenpeter, Scharlach	
11. 1956	Tod der ersten Tochter		
1957	Geburt Roswitha-Christine ANNELIESE kommt im Kindergarten nicht gut zurecht		

83

1959	ANNELIESE Eintritt in Grundschule		
1963	ANNELIESE Eintritt in Gymnasium Aschaffenburg		
9. 1968	ANNELIESE im Alter von 16 Jahren	erster epileptischer Anfall, Harnabgang, Zungenbiß	
8. 1969		zweiter epileptischer Anfall, unauffälliges EEG	
10. 1969		Mandeloperation, Rippenfell-, Lungenentzündung	
6. 1970		dritter epileptischer Anfall EEG unauffällig, Behandlung mit Antikonvulsivum	
9. 1970	Leistungsabfall in Schule, verändertes Wesen	Absencen und Depressionen, medikamentöse Behandlung / vierter epileptischer Anfall, Fratzen gesehen	erste religiöse Interpretation subj. Erfahrungen

1972	fünfter epileptischer Anfall, zentropil	
11. 1972	sechster Krampfanfall, kleinere Anfälle mit Absencen, Steifwerden zwischenzeitlich, Geruchs- und Gesichtshalluzinationen	
	Nachweis eines Herdes im linken Schläfenlappen im EEG, Tegretal verordnet	
5. 1973	Abitur	
6. 1973		Wallfahrt nach San Damiano Auftreten einer «zweiten Persönlichkeit», Aversion gegen Religiöses
		Frau H. «entdeckt» A. als «Besessene», wendet sich an Pater Rodewyk
8. 1973		P. Rodewyk stellt die Diagnose: «Dämonische Besessenheit»

3.1 Annelieses Kindheit – der Beginn eines Familienromans?

Vater Michel, ein strenggläubiger Mensch, war orientiert an Glaubensvollzügen einer Vorkriegsgeneration, asketischen Idealen bis zur Leibfeindlichkeit verpflichtet. Vor seiner Ehe wollte er eigentlich Priester werden. Aber, wie Goodman vermerkt, «haperte es am Latein». Im September 1950 heirateten die Eltern Michel, und Vater Michel adoptierte die im Mai 1948 geborene Tochter Martha. Im September 1952 kam Anneliese zur Welt, Goodman berichtet, daß sie im Mutterleib verflucht worden sei. Diese Reminiszenz taucht auch in den Tonbandprotokollen einer der ersten Exorzismen auf.

Im Jahr 1956, als Anneliese vier Jahre alt ist, zeichnet sich eine weitere kritische Phase für sie ab: Ihre jüngste Schwester Barbara wird geboren, gleichzeitig stirbt im November die unehelich geborene Martha; Anneliese selbst bekommt Masern, Ziegenpeter und Scharlach.

Über diese Tatsachen hinaus möchte ich nicht weiter spekulieren, halte es aber durchaus für möglich, daß Anneliese in diesem strenggläubigen Milieu bereits als Kind außergewöhnlichen Belastungen ausgesetzt war und diese auf ihre Weise verarbeiten mußte.

3.2 Epileptische Anfälle und ihre Auswirkungen in der Pubertät

Aus der zeitlichen Übersicht über den Entwicklungsverlauf der A. M. ersieht man, daß Anneliese mit 16 Jahren im September 1968 einen ersten epileptischen Anfall hatte, der von Harnabgang und Zungenbiß begleitet wurde. In der dritten Spalte der Tabelle kann man sehen, daß sie im Verlaufe der nächsten vier Jahre bis November 1972 sechs größere Krampfanfälle hatte, die von optischen und olfaktorischen Halluzinationen begleitet waren. Anneliese sah Fratzen, teufelsähnlich, roch Brand- und Jauchegeruch. Daneben traten eine reiche Fülle von kleineren, unauffälligen Anfällen auf, die mit Absencen, Steifwerden der Glieder verbunden waren.

Der Nachweis eines Anfallsherdes im linken Schläfenlappen durch das EEG konnte erstmals im November 1972 geortet werden. Medikamentös wurden die Anfälle zunächst mit Zentropil (9/72–11/73) behandelt, ab 12/73 mit Tegretal. Eindeutig konnte das Hirnstrombild in 12/73 epileptische Musterhinweise auf eine herdförmige Hirnschädigung im linken Schläfenbereich aufdecken. Durch die medikamentöse Behandlung veränderte sich das Zustandsbild dahingehend, daß große Anfälle unterdrückt und durch kleinere kompensiert wurden. In diesen kleineren Anfällen traten zunächst Absencen auf, die Glieder der Patientin wurden steif, es überlagerten sich Gesichts- und Geruchshalluzinationen.

Zeitachse	Daten, Anneliese selbst u. ihre Familie betreffend	Krankheiten, medizinische Diagnosen u. Ther.ansätze	religiöse Aktivitäten u. Bewältigungsversuche
1. 11. 1973	Beginn PH-Studium in Würzburg	Beginn psychotherapeutischer Behandlung wegen Depressionen, fühlt sich kommunikationsunfähig, sexuell wie kastriert, eiskalt, Behandlung bis Mai 1974	gleichzeitig etwa 10 Gespräche mit einem älteren Pfarrer. Keine Kontakte zwischen Psychotherapie, neurologischer Behandlung und Seelsorge
Ende 11. 73	Freund Peter kennengelernt		
	A. schließt sich orthodoxer relig. Gruppierung an	Gleichzeitig neurologische Behandlung	
12. 1973		A. fühlt sich «umsessen», von satan. Wesen gequält	
6. 1974	Schulpraktikum		mehrere Fahrten nach San Damiano im Sommer 1974

9. 1974	optische und olfaktorische Halluzinationen (Fratzen, Brand-, Jauchegeruch) Eskalation: Schreien, Toben	Kapläne Alt und Roth interessieren sich für den Fall. A. besucht Alt im Pfarrhaus, nach Gebeten kurze Linderung. Alt informiert Bischof Stangl. Dieser verbietet Exorzismus vorerst
1. 1975 bis 6. 1975	wechselnde Befindlichkeit der A.; Besserung im EEG, weitere Anhaltspunkte für Schläfenlappenepilepsie links, weiter Tegretal	
8. 1975	psychoseartige Agitation: Schreien, Toben, nicht einfühlbare Handlungen, Aversion gegen Religiöses	Kapläne von «Besessenheit» überzeugt, «kleiner Exorzismus» mit großer Wirkung, Steigerung der Phänomene

9. 1975		Gutachten P. Rodewyk: «Dämonische Besessenheit»
16. 6. 1975	Hausarzt befindet A. für organisch gesund, weitere Verordnung von Tegretal	Ortsbischof (Würzburg) gibt auf Drängen von Alt Erlaubnis zum Exorzismus. Als Exorzist wird P. Renz bestellt
1. 10. 1975		Beginn Tonbandaufzeichnung der Exorzismen
1./4./6./7./10./ 13./15./18./20./ 22./24./25./27./ 28. 10. 1975		14 exorzistische Sitzungen, allmähliches Auftreten von 6 «Dämonen»: Luzifer, Judas, Kain, Nero (analog früheren Fällen bei Rodewyk), daneben Hitler und Fleischmann

24. 10. 1975		Ankündigung des Ausfahrens am 31. 10. 1975 abends
31. 10. 1975		Austreibung der 6 Dämonen und ihre Wiederkehr
ab 11. 1975		endgültige Übernahme der Besessenheitsrolle durch A.
5. 1976	Beginn Anorexia nervosa, Selbstverletzungen mit Fäusten, bis zu 600 Kniebeugen in kurzen Pausen	letzter Exorzismus
24. 6. 1976		
1. 7. 1976	Tod der A. M. durch Lungenentzündung und Abwehrschwäche (31 kg)	
8. 1976		Beginn einer Mystifikationswelle: A. unverwest Exhumierung, Umbettung
25. 2. 1978 bis 1984		Buswallfahrten zum Grab der A. M., Gebetsamrufungen

Halten wir fest: Am Beginn steht die neurologische Diagnose und Therapie mit medikamentösen Mitteln. Dann beginnt gleichzeitig mit ihrem PH-Studium in Würzburg eine psychotherapeutische Behandlung wegen Depressionen und Kommunikationsunfähigkeit. Parallel dazu finden etwa zehn Gespräche mit einem älteren Pfarrer statt. Entscheidend scheint mir, daß es keine Kontakt zwischen neurologischer Behandlung, Psychotherapie und Seelsorge gab und hier bereits eine verhängnisvolle Weichenstellung erfolgte: Zu den Seelsorgern hatte Anneliese Vertrauen, aber diese verfügten nicht über die notwendige Kompetenz. Die entsprechende Kompetenz hätten Ärzte und Psychologen gehabt, aber zu ihnen hatte Anneliese kein Vertrauen.

3.3 Der Weg von der Krankheit zur «Besessenheit»

Vergegenwärtigt man sich die Krankheitsgeschichte von Anneliese Michel, die vielfältigen diagnostischen Überlegungen sowie die zunächst ausschließlich medikamentöse Therapie, so stellt sich die Frage nach dem Selbsterlebnis der Kranken. Sie erlebt an sich selbst unterschiedliche «Zuständlichkeiten», auseinanderklaffende Antriebe, sie bedrängende oder beglückende Erfahrungen. Diese innerseelische Wirklichkeit fordert für sie selbst eine eigene Interpretation heraus (vgl. 3.8).

Es gibt genügend Selbstzeugnisse, die bestätigen, daß Anneliese Michel und ihre nähere Umgebung zu der Überzeugung kamen, die medizinische Behandlung und das in sie gesetzte Vertrauen habe nicht zu dem erhofften Erfolg geführt. Auf welche Interpretationsvorgaben muß sich ein Mensch zurückziehen, der sich als «Ausgesteuerter der Medizin» erfährt?

Zunächst ist es die spezifische Umwelt, es sind die Ansprechpartner in der Familie, dem näheren Freundeskreis, die aus ihrer subjektiven Sicht Hilfe anbieten. Dieses Angebot aus bisherigen Erfahrungen und Interpretationen bestimmt, wem die Kranken am stärksten vertrauen. Eine weitere Weichenstellung ergibt sich aus der weltanschaulichen oder religiösen Grundströmung, der man sich zugehörig fühlt. Es beginnt eine Übertragungssuche, aus der sich dann wechselseitig vertrauensbildende Maßnahmen herauskristallisieren und verstärken.

3.4 Auswirkungen von Selbst- und Fremdinterpretationen im spezifischen religiösen Umfeld – entsprechende Behandlungsinitiativen (1973 und 1975)

Der Weg von der medizinischen Diagnose «Epilepsie» und ihren somatopsychischen Auswirkungen bis hin zu der theologischen Diagnose «Dämonische Besessenheit» vollzog sich in drei Etappen zwischen 1973 und 1975.

Die erste Etappe: Von Vater Michel ging der Vorschlag aus, mit seiner Tochter Anneliese San Damiano, einen von der Kirche nicht anerkannten Wallfahrtsort, aufzusuchen. San Damiano gilt als Zentrum, in dem Besessenheitsfälle geheilt werden. Organisiert wurde diese Fahrt, wie auch eine spätere, von Frau H.

Beim Eintreffen in San Damiano zeigte Anneliese alle Anzeichen einer «zweiten Persönlichkeit»: In einem veränderten Bewußtseinszustand äußerte sich ein der normalen Persönlichkeit entgegengesetztes neues Ich in tiefer Stimme mit einer starken Aversion gegen Religiöses.

Von diesem Zeitpunkt an glaubte Frau H., Anneliese als «Besessene» entdeckt zu haben, es war «ihr Fall». Sie informierte Pfarrer ihrer Denkungsart und den bekannten Exorzisten Pater Rodewyk; dieser stellte am 6. 8. 1973 brieflich die Diagnose «Dämonische Besessenheit».

Ein zweiter Trichtereffekt in Richtung «Dämonische Besessenheit» ging von pathologischen Reaktionen bei einem engagierten Kaplan aus. Kaplan Alt hatte gerade eine Arbeit verfaßt: «Gibt es eine parapsychologische und biologische Basis religiöser Erfahrungen?» Er galt als erfahrener Rutengänger und stellte auf diese Weise eine erste Diagnose über Anneliese aufgrund seiner «Strahlenfühligkeit», wie er selbst sagte. Als er zwei Tage später zwei Briefe, einen von Anneliese und einen von ihrer Mutter, befühlt, tritt eine massive psychogene Ansteckung auf, der Konfliktstoff wird somatisiert, anschließend treten in der Abendmesse und in der Nacht darauf Halluzinationen taktiler sowie olfaktorischer Art auf, die «dämonisch» interpretiert werden. Der von Kaplan Alt gesprochene Exorzismus über sich selbst bringt etwas Linderung, die Anrufung des legendären Pater Pio Hilfe. Am Abend danach berichtet er seinen Mitbrüdern über diese subjektive Erfahrung, und auch in diesem Kreis zeigt sich eine psychogene Ansteckung: Brand- und Fäkaliengeruch werden wahrgenommen.

Alt lernt Anneliese kennen, findet sie sehr sympathisch, nicht krankhaft oder kränklich. Im ersten Gespräch mit Kaplan Alt sagt Anneliese: «Ich suche Leute, die mir glauben und die mir helfen können.» Von diesem Zeitpunkt an sucht Anneliese vor allem Hilfe bei Alt, gibt ihm in Gesprächen und Besuchen Einblick in ihre Situation und deren Selbstdeutung. Alt berichtet darüber an den Würzburger Bischof.

Als weiterer Promotor bei der Umdeutung der Epilepsie zu einer dämonischen Besessenheit erweist sich Frau H., die Anneliese seit San Damiano als ihren Fall ansieht und von der Besessenheit bereits damals überzeugt war. Ihre Mission besteht in der Mobilisierung kirchlicher Instanzen. Sie aktiviert, während sich bei Anneliese eine psychotische Phase zeigt (vgl. 3.8), die Eltern Michel, Kaplan Alt und Kaplan Roth sowie Pater Rodewyk mit Geschick, organisatorischem Talent und der notwendigen Penetranz. Anneliese hat zu ihr einen vertrauensvollen Kontakt. Es bedarf keiner großen Imaginationsfähigkeit, um sich vorzustellen, wie in diesem Umfeld in der Selbstwahrnehmung und Selbstinterpretation bei Anneliese sich allmählich eine Umpolung vollzog von der Krankheit zu dem Gefühl, zunächst umsessen zu sein und später *be*sessen. Zum Verständnis dieser beiden Begriffe wird häufig das Bild einer Festung benutzt: Im Falle einer Umsessenheit belagert der Gegner die Festung, bedrängt sie, aber er hat sie noch nicht überrannt. Im Falle der *Be*sessenheit befindet sich der Gegner *in* der Festung, bestimmt das Leben darin, erläßt Verordnungen und hat die absolute Verfügungsgewalt.

Im weiteren Verlauf (9/75) organisiert Frau H. die Anreise des 84jährigen Jesuitenpaters Rodewyk nach Klingenberg. Rodewyk hatte bereits während des Zweiten Weltkriegs über mehrere Jahre hindurch Exorzismen bei einer Krankenschwester namens Maria (Pseudonym Magda), einer morphiumsüchtigen Hysterikerin, durchgeführt und seine Erfahrungen in mehreren Büchern veröffentlicht. Bei seinem Besuch in Klingenberg sieht er Anneliese und stellt bei der Patientin – nach provokativen Fragen an die Dämonen unter dem Motto «Wir kennen uns ja!» – zunächst einen «Judas» fest. Aufgrund des daraufhin verfaßten Gutachtens für den Würzburger Bischof Stangl und eines ausführlichen Schreibens von Kaplan Alt (16. 9. 75) wird von dem Bischof die Erlaubnis an Pater Renz erteilt: «bei Fräulein Anna Lieser (Pseudonym) im Sinne des CIC, Canon 1151.1 zu verfahren».

Dem Wunsch der Gemeinde um Anneliese sowie ihrem eigenen, dem ihrer Eltern und Promotoren war damit entsprochen worden. Diese Anerkennung bestätigte ungewollt die Auffassung dieser Gruppierung: Hier handelt es sich nicht um eine Krankheit, die von Ärzten geheilt werden kann, sondern um eine dämonische Besessenheit, der man nur mit dem Großen Exorzismus wirksam begegnen kann.

3.5 Kriterien für «Dämonische Besessenheit» nach dem Rituale Romanum von 1614 und der liturgische Aufbau des Exorzismus

Seit dem Jahr 1614 gelten in der katholischen Kirche folgende Kriterien als Anzeichen für «Dämonische Besessenheit»:

a) Dieser Mensch muß mehrere Worte einer ihm unbekannten Sprache sprechen oder verstehen, was jemand in einer ihm – dem Patienten – unbekannten Sprache sagt.

b) Er muß das, was sich weit entfernt oder im Verborgenen zugetragen hat, offenkundig machen, also berichten können.

c) Er muß Kräfte zeigen, die über das altersspezifische Maß hinausgehen oder die Möglichkeiten, die in der menschlichen Natur angelegt sind, übersteigen.

Zunächst einmal ist festzuhalten, daß hier keine psychopathologischen Kriterien angegeben werden, sondern parapsychische Fähigkeiten, wie außersinnliche Wahrnehmung, also Telepathie, Hellsehen, Präkognition, angesprochen werden, oder aber im Absatz c) Psychokinese, d. h. die Frage, ob die menschliche Psyche in besonderen Situationen eine direkte Einwirkung auf die Welt materieller Objekte ausüben kann.

Gegenüber diesen Kriterien habe ich wiederholt Einwände vorgebracht, weil derartige Beobachtungen nicht nur bei einer Dissoziation einer menschlichen Persönlichkeit gemacht worden sind, sondern zumindest in Spurenelementen bei Laboratoriumsexperimenten mit normalen Versuchspersonen in einem natürlichen Bedingungszusammenhang nachgewiesen werden konnten.

Das Ritual des Exorzismus wird mit einem Bittgebet um Vergebung eigener Vergehen und Vergehen der Eltern eröffnet. Nach dieser Eröffnung erfolgt im ersten Hauptteil ein Wortgottesdienst, bei dem das Gebet um Befreiung und Heilung das Leitmotiv ist. Der zweite Hauptteil enthält nach einer Anrufung Christi und einem Kreuzversikel drei Exorzismen, die aufeinander folgen und nach Bedarf wiederholt werden können. Sie beginnen mit der Formel: «Ich beschwöre dich ... unreiner Geist, ... alte Schlange ... unreiner Geist ...» Jeder dieser Exorzismen wird gefolgt von einem Bittgebet, mit einer Anrufung des Namens Gottes, der Bitte um Hilfe und Schutz sowie um Stärkung des Besessenen und der Anrufung Gottes zur Austreibung.

Als schädlich betrachte ich in diesem Zusammenhang die konkreten Handlungsweisen (normae observandae) für den Exorzisten. Vor allem zwei Paragraphen spielen eine bedeutende Rolle, nämlich daß es wichtig sei, nach Anzahl und Namen der Dämonen zu fragen, wann und weshalb sie eingefahren seien (ad 15); und wenn bestimmte Worte und Gebetstexte heftige Aversionen und Reaktionen bei den Besessenen hervorrufen, dann wäre dies gezielt und wiederholt einzusetzen, wenn nötig, bis zu 3–4 Stunden (ad 17). Diese Voraussetzungen sind wichtig für das Verständnis und auch die Bewertung des nachfolgenden Tonbandmaterials.

3.6 Ergebnis der Exorzismen:
«Dämonen» im Tonmaterial?

Das Tonmaterial der Exorzismen, das mir Frau Goodman freundlicherweise überlassen hat, umfaßt einen Zeitraum vom 1. 10. 1975 bis zum 21. 6. 1976 mit insgesamt 51 Kassetten, von denen die meisten eine Aufnahmedauer von 90 bis 120 Minuten haben. Am wichtigsten erscheinen mir die Aufzeichnungen während des ersten Monats der Exorzismen, und ich möchte dazu drei Beispiele geben, die ein Verständnis für die Problematik wecken können.

Das erste entstammt der Sitzung vom 1. Oktober, das zweite der Sitzung vom 6. Oktober und das dritte vom 31. Oktober, nachdem eine Woche zuvor die «Dämonen» angekündigt hatten, daß sie an diesem Tag aus Anneliese ausfahren würden.

Um Ihre Erwartungen, die sich in diesen Aufzeichnungen eine Atmosphäre des Numinosen erhoffen, auf die Realität zurückzuschrauben, muß ich Sie mit der Banalität der «Dämonen» konfrontieren. Goodman – ob mit oder ohne Hintersinn – formuliert dies so:

«Nicht *das* Böse spricht, sondern *der* Böse. Und der Böse ist nicht irgendjemand. Er kommt aus dem Heimatdorf, er spricht den heimatlichen Dialekt. Die Mundart ist treffsicher, rauh, der Böse hat ‹dem Volk aufs Maul geschaut›, wie Luther das nennt. Da gibt es nichts von der Fremdwörtelei und der Ausgelaugtheit der städtischen Redeweise. In seinen Kraftausdrücken, in seiner Derbheit ist dieser Teufel fast mittelalterlich, wie er stets Schimpfwörter wie Arschloch und Scheiße und Drecksau und Arsch bereit hat …»
(Goodman 1980, 129 f.)

Über die näheren Umstände des Exorzismus berichtet Goodman, die vor Ort recherchiert hat, folgendes:

«Das Ritual wurde im Hinterzimmer des Untergeschosses ausgeführt, dessen Fenster auf den Weinberg hinausgehen. Dabei war die Absicht maßgebend, daß Annelieses Schreie von den Leuten auf der Straße nicht gehört werden sollten. Man hatte Stühle aufgestellt und einen kleinen Hausaltar auf einem Tischchen hergerichtet. Auf einer gestickten Decke standen dort ein Kruzifix, eine Christusstatue, eine Topfpflanze und gerahmte Bilder der Gottesmutter Maria, von Pater Pio, dem Erzengel Michael und ein Herz-Jesu-Bild. In den Pausen zwischen den sehr ausgedehnten Gebeten konnte man Kaffee oder Tee trinken und Gebäck und Kuchen essen.»
(Goodman 1980, 126 f.)

Das erste Beispiel aus der Anfangsphase der Exorzismen macht deutlich, daß zunächst nach «Judas» gefahndet werden soll.

A.: (schreit und stöhnt) Ich hab ihn net verrode, des war de Petrus μμμμμ

P. R.: Ich hab' immer gemeint, der Petrus hätt' ihn auch verraten, aber du hast ihn zuerst verraten. Du hast ihn ans Kreuz ausgeliefert.

A. : μμμμμ μμμμμ

P. R.: Du hast ihn geküßt?

A.: μμμμμ

P. R.: Du hast ihm den Bruderkuß gegeben.

A.: μμμμμ Jonao

P. R.: Es war eine Bruderfreundschaft?

A.: μμμμμ Ja μμμμμ

P. R.: Was hat dir denn der Jesus von Nazareth getan?

A.: Scheißdreck μμμμμ

P. R.: Was hat er dir getan, daß du ihn verraten hast?

100

A.: Nix.

P. R.: Nun, warum hast du ihn verraten?

A.: µµµµµ Oh, weil ich Geld gebraucht habe … µµµµµ

P. R.: Wofür hast du das Geld gebraucht?

A.: µµµµµ

P. R.: Für Hasch?

A.: µµµµµ

P. R.: Wofür hast du das Geld gebraucht? Hat er dich hungern lassen? Hast du dir ein Haus bauen wollen?

A.: Nee, des hab' ich net gewollt.

P. R.: Hast du trinken wollen? Wein kaufen?

A.: µµµµµ

P. R.: ‹Cede Deo› … tu sacrilegorum caput. Du Haupt aller sakrilegischen Verbrechen …

A.: Ja, des stimmt.

P. R.: Du Haupt jedes Gottesraubes, du bist schuld, wenn Hostien gestohlen werden.

A.: Ja.

P. R.: Du bist schuld, wenn Mißbrauch getrieben wird mit der heiligen Eucharistie.

A.: µµµµµ Halten Sie Ihr Maul!

P. R.: Du bist schuld, wenn Freimaurer schwarze Messen halten.

A.: Ja. Ja.

P. R.: Die machen dir besonderen Spaß.

A.: Ja.

P. R.: Du bist schuld, wenn Freimaurer schwarze Messen halten … Gebet … Du Lehrer aller falschen Irrlehren …

A.: Ja, des sin' mir auch, un' mir werden immer stärker werden in der Beziehung µµµµµ

P. R.: Du Erfinder aller Scheußlichkeiten …

A.: µµµµµ Oh, die Theologen, die glauben überhaupt nix mehr.

P. R.: Die Theologen alle …?

A.: Die meisten µµµµµ zum Beispiel der Küng und der Haag, die glauben fast so nix mehr.

P. R.: Gibt's da auch noch welche, die glauben?

A.: Die kenn ich net.

P. R.: Ah, die kennst du nicht.

A.: μμμμμ

P. R.: Den Küng kennst du, den Haag kennst du, wen kennst du denn noch? Kennst du noch mehr von diesen Theologen?

A.: Ja μμμμμ

P. R.: Sag' mir noch zwei, wen kennst du noch?

A.: Nein! μμμμμ oh nein! μμμμμ

P. R.: Kennst du den B.?

A.: Ja μμμμμ

P. R.: Gehört der auch zu denen?

A.: Ja μμμμμ

P. R.: So, was hat er da angestellt?

A.: Ja μμμμμ

P. R.: Gebet, dann: Fahr aus mit all deiner Falschheit und all deiner Lüge. Du lügst und sagst die Wahrheit und lügst. Alles quer durcheinander. Mußt immer wieder mal die Wahrheit sagen, ja?

A.: Ja μμμμμ

P. R.: Also, willst du nicht wieder lügen?

Ein solcher Beleg gibt einen Einblick in die Kommunikationsstruktur der Befragung durch den Exorzisten mit entsprechenden Fragen und Suggestivfragen sowie die aus der Beziehungsfalle stammende Ratlosigkeit der Anneliese, die nur mit paraverbalen Äußerungen überbrückt werden kann und schließlich das produziert, was der Exorzist hören will.

Das zweite Beispiel zeigt deutlich, wie aus der Interaktion zwischen dem Exorzisten und der Gemeinde «Dämonen» entstehen. Zum Beispiel tauchen Hitler, Goebbels und Himmler in den weiteren Tonbandprotokollen überhaupt nicht mehr auf. Hier das Transskript der entsprechenden Stelle aus den Exorzismen vom 1. Oktober 1975.

P. R.: Gegrüßet seist du Maria …

A.: Ich geh' net raus, ah, ich geh' net raus, no, ich geh' net …

P. R.: Ehre sei dem Vater …

A.: μμμμμ … Der annere ist der da …
μμμμμ (immer leiser) Der steckt auch in der drinne. Der der der der der der des ganze Deutschland verführt hat. Ja, ja, ja die Drecksau diese da, μμμμμ, ja die steckt auch in der noch drinne.

Gem.: Der Hitler.

A.: Und da sind's noch zwo. … O, ja der is

Gem.: Hitler (zögernd)

P. R.: Vater unser im Himmel …

A.: … auch noch drinne, ja μμμμμ μμμμμ Heil, Heil … Heil, μμμμμ, ja des ganze Volk hat's geglaubt …

P. R.: Gegrüßet seist …

A.: Ja, des ganze Volk hat's geglaubt.

Gem.: … Amen

P. R.: Ehre sei

A.: μμμμμ Mein Kumpan is' au' noch bei mir
(Gemeinde hört auf mit dem Beten)

A.: Der ander, der, der, der de, immer mei Reklame gemacht hat μμμμμ

Gem.: (verschiedene Personen) Der Goebbels … der Goebbels … Goebbels

A.: Ja, die Drecksau

Gem.: Eijeijei …

P. R.: Vater unser …

A.: Is' auch noch drinne μμμμμ doch … Ja, ja, ich bin auch noch drinne, wow! Und dann is' nochmal einer drinne, die anner Sau, die die se immer

Gem.: … Himmler

A.: … ausgeliefert hat μμμμμ Jaa! Ja, ja ich

Gem.: … Amen

A.: … bin auch noch drin in der oa μμμμμ

Zum Verständnis für das Auftauchen des neuen Dämons «Hitler» ist eine vorausgehende Erfahrung von Anneliese

Michel, eine Art Trauma, wichtig. Zur Zeit, als sie auf dem Gymnasium in Aschaffenburg war, hatte sie dort einen Hitler-Film besucht. Ihrem Freund P. berichtet sie später, sie habe die Bilder nicht anschauen können, denn «als sie es einmal getan hatte, überkam sie ein unermeßliches Grauen, das sie kaum abschütteln konnte» (Goodman, 143).

Insgesamt hat es den Anschein, als ob die «Dämonen» keine durchorganisierten «Persönlichkeiten» darstellen, sondern geradezu austauschbar sind und sich darin eine «Gegenwelt» manifestiert, die durch das Frage-Antwort-Spiel mobilisiert wird. Man wird zu der Auffassung geführt, im Grunde genommen handle es sich um eine Doppelpersönlichkeit bei Anneliese, die eine im Normalzustand, die andere im Besessenheitszustand.

Das dritte Beispiel ist der Austreibung vom 31. Oktober 1975 entnommen. Eine Woche vorher hatten die Dämonen angekündigt, sie würden zu diesem Zeitpunkt ausfahren. Sie wurden auch alle ausgetrieben, allen voran der Dämon des verstorbenen Pfarrers Fleischmann.

Am 31. 10. 75 erfolgt die «endgültige» Austreibung. Zuletzt meldet sich auch Luzifer und fährt, immer wieder sich weigernd, mit einem zähneknirschenden «Gegrüßet seist Du, Maria, voll der Gnade» aus. Man spürt auf dem Tonband die ungeheure Erleichterung des Exorzisten und der Gemeinde, der endgültige Sieg scheint errungen, man stimmt dankerfüllt das Lied «Großer Gott, wir loben Dich» an; noch während dieses Liedes zeigen sich paraverbale Äußerungen von Anneliese, und schließlich meldet sich die Stimme einer «verdammten Frau».

104

3.7 Wie entsteht ein Dämon?

Ich möchte mich hier auf zwei Beispiele beschränken. Das erste bezieht sich auf die «verdammte Frau», nachdem die sechs «Dämonen» ausgetrieben waren und man an eine endgültige Befreiung glaubte.

Gem.: ... Maria zu lieben ...

A.: μμμμμ

P. R.: Wer ist noch nicht draußen?

A.: Ich μμμμμ

P. R.: Warum bist du nicht ausgefahren?

A.: μμμμμ

P. R.: Im Namen des dreifaltigen Gottes ... befehle ich dir, deinen Namen zu nennen.

A.: Oh nein, ihr bringt mich net raus, wenn ich meinen Namen nicht nenne, ich geh' nicht raus.

P. R.: Im Namen des dreifaltigen Gottes ...

A.: μμμμμ Ich bin eine verdammte Frau.

P. R.: Eine verdammte Frau, wer denn? Wer denn? Im Namen des dreifaltigen Gottes ... befehle ich dir, deinen Namen zu sagen, wie heißt du? Wer bist du?

A.: Oh nein μμμμμ

P. R.: Wie heißt du?

A.: In der DRM stand was von mir abgedruckt μμμμμ

P. R.: Das weiß ich nicht, was da drin stand, ich hab' es nicht gelesen, zeig' mir, was da drin steht ...

A.: Oh, es stand drin, daß von einer Frau ...

P. R.: Die ist einer Frau ... ist das einer Freundin passiert?

A.: Ja.

P. R.: Und wer war diese Freundin?

A.: Oh, das weiß ich nicht, sie war gläubig und oh μμμμμ

P. R.: Sag' mir deinen Namen.

Gem. (Schwester von A.): Papa, das hast du mir doch vorgelesen von der Frau.

Auf die Frage des Exorzisten «Wie heißt Du?» antwortet Anneliese: «In der DRM stand was von mir abgedruckt» und begleitet diesen Satz mit paraverbalen Äußerungen. Auf Insistieren des Exorzisten sagt sie: «Oh, es stand drin von einer Frau.» Als Anneliese den Namen nennen soll und doch nicht kann, fällt ihrer Schwester ein: «Papa, das hast Du mir doch vorgelesen, von der Frau.»

Die DRM, die hier erwähnt ist («Deutschlands Rettende Macht»), ist die Pilgerzeitung eines traditionalistisch orientierten, inzwischen verstorbenen Bäckermeisters für seine Anhänger. Anneliese greift also hier auf Traktätchenniveau zurück, macht keinen Hehl aus der Quelle.

Als zweites Beispiel für die Entstehung von Dämonen greife ich Pfarrer Fleischmann heraus.

Einer der Exorzisten, Pfarrer Alt, übernahm die Pfarrei in Ettleben und stieß beim Durchforsten der vorgefundenen Unterlagen, die bis ins 14. Jahrhundert zurückreichen, auf den Namen eines Pfarrers Valentin Fleischmann, der als «Konkubinarius» ausgewiesen war und als «vino addictus», ein Säufer und arger Schläger. Er hatte vier Kinder. In Alts Bericht heißt es:

«Der Grabstein seiner Tochter Martha ist in die Frontseite des ältesten Hauses von Ettleben eingemauert und heute noch gut zu entziffern. Als ich im Herbst 1975 während der exorzistischen Phase nach Klingenberg kam, um der Austreibung beizuwohnen, war ich bereits eineinhalb Jahre Pfarrer von Ettleben ... Wir kamen ins Gespräch, und ich sagte unter anderem: ‹Na ja, in Ettleben hat es immer schon schlimme Pfarrer gegeben. Vielleicht bin ich auch einer von diesen. Jedenfalls hat es einen gegeben, der einen Mann erschlagen hat.›

Anneliese saß neben mir. Sie brüllte plötzlich auf, so wie sie es während des Exorzismusgebetes getan hatte. Ich erschrak so sehr, daß mich alle auslachten und der Schreck mir noch Stunden in den Gliedern saß. Etwa vierzehn Tage später hatte ich wiederum Gelegenheit, nach Klingenberg zu fahren, weil ich in der Nähe etwas zu tun hatte. Anneliese war daheim … Wir unterhielten uns nett, schließlich sagte ich: ‹Sie haben mich damals mit Ihrem Gebrüll erschreckt. Der Schrecken wich erst nach Tagen. Daß Sie sich so aufregen, wenn der Name Fleischmann fällt!› Plötzlich verzog Anneliese ihr Gesicht zu einer Fratze und begann, obwohl sie heftig dagegen kämpfte, wiederum in der uns allen bekannten Art zu brüllen …
Am selben Abend wurde in meiner Abwesenheit der Exorzismus gesprochen, und es meldete sich der sechste Teufel mit Namen Fleischmann, gefallener Priester, Pfarrer in Ettleben gewesen …»
(Goodman 1980, 143/144)

Als ich dieses Originalzitat zum ersten Mal las, dachte ich, daß eine Übertragungssituation von Anneliese auf Kaplan Alt bei der scherzhaften und scheinbar harmlosen Bemerkung «In E. hat es immer schon schlimme Pfarrer gegeben; vielleicht bin ich auch einer von diesen» zu einer ersten Krise geführt habe. Als ich den Text aber genauer las, kam mir ein Stück des Familienromans der Michels in den Sinn. Der Grabstein der Tochter Fleischmanns ist in der Frontseite des ältesten Hauses von E. eingemauert und heute noch gut zu entziffern. Die Tochter hieß Martha, genau wie die um zwei Jahre ältere, unehelich geborene Schwester Martha, die im November 1956, im Alter von acht Jahren, verstarb. Anneliese war damals vier Jahre alt.

Es liegt mir fern, über die Entstehung von «Dämonen» bei Anneliese zu spekulieren. Aber Tatsachen im

Zusammenhang mit einer gestörten Wahrnehmungswelt der Patientin kann man nicht wegmystifizieren.

3.8 Die äußere und die innere Wirklichkeit der Anneliese Michel

Bereits im August 1975 zeigte sich bei Anneliese eine immer wieder aufflammende Erregung, die sie Tag und Nacht in Bewegung hielt. Hinzu kam eine kaum zu glaubende Muskelkraft. Ihr Freund Peter sah zu, wie sie mit einer Hand einen Apfel zerquetschte, so daß das Fruchtfleisch an die Wände spritzte. Sie wälzte sich im Kohlenstaub des Kellers, setzte sich in einen alten Waschkessel voll eiskalten Wassers, steckte ihren Kopf in die Toilette. Sie riß sich die Kleider vom Leibe und rannte nackt durch das Haus. Sie steckte sich Spinnen und Fliegen in den Mund, kaute an der Kohle, urinierte auf den Küchenfußboden und leckte den Harn auf oder lutschte den Harn aus ihrem Schlüpfer. Sie zerrte Bilder von der Wand, goß Wasser von San Damiano aus, zerstückelte Rosenkränze.

Diesen im August 1975 besonders kraß zutage getretenen Auffälligkeiten folgten im Oktober Eingebungen, «innere Stimmen». Die Gottesmutter meldete sich und der Heiland. Anneliese trug diese Erfahrungen in ihr Tagebuch ein. Am 16. 10. 1975 heißt es: «Mutter Gottes sagt (ich schreibe mit): ‹Das Strafgericht ist sehr, sehr nahe. Betet, soviel ihr könnt, für eure Nachbarschaft, Freunde und Wohltäter, für Priester und Laien, für Politiker und das Volk.›»

Am 25. 10. 1975 notiert sie: «Heiland: ‹Holt euch

Lebensmittel ins Haus und sage dies allen, die du kennst.›»

Etwa um den 29. 10. 1975 notiert sie: «Mutter Gottes: ‹Später werde ich Erscheinungen haben, wenn ich recht verstanden habe, als Entschädigung für die Satansfratzen, die ich immer sah und noch sehe.› (Ich weiß nicht, ob mir dies nicht vom Satan vorgegaukelt wurde).»

Am 20. 10. 1975 ist ein Zwiegespräch mit dem Heiland notiert: «Heiland: ‹Du mußt noch etwas aufschreiben.› Ich: ‹Was denn?› Heiland: ‹Das was ich gestern abend sagte.› (Ich wollte es nicht aufschreiben, weil ich glaubte, es sei vom Satan, außerdem sträubt sich bei dem Gedanken meine Natur.) Heiland verlangt von mir Gehorsam, deshalb schreibe ich es auf. Heiland sagte: ‹Du wirst eine große Heilige werden.› (Ich wollte das immer noch nicht glauben, da ließ mich der Heiland zum Beweis, daß ich richtig gehört hatte, Tränen weinen).»

Am 24. 10. 1975 schreibt Anneliese nieder: «Heiland sagte: ‹Du wirst viel leiden und sühnen, schon jetzt. Deine Leiden, deine Traurigkeit und Trostlosigkeit dienen mir dazu, andere Seelen zu retten.›»

3.9 Die endgültige Übernahme der Besessenheitsrolle

In der Folgezeit, etwa ab November 1975, äußern sich die zurückgekehrten Dämonen immer weniger und unbestimmter; die paraverbalen aggressiven Äußerungen von Anneliese nehmen zu. Der Zweck des Exorzismus –

die Austreibung der Dämonen – ist nicht erreicht worden. Objektiv gesehen hat sich die Lage von Anneliese sehr verschlechtert, die Exorzismen hatten nicht nur keine Wirkung im Sinne einer Heilung gezeigt, sondern einen Rückschritt auf entwicklungsgeschichtlich frühere Abwehrmechanismen hervorgerufen. In der Folgezeit erklärte man diesen anhaltenden Zustand als «Sühnebesessenheit»: eine Entlastung für die Exorzisten, eine Märtyrerrolle für Anneliese.

Im Gefolge von wahnhaften psychotischen Vorstellungen traten zunächst ab Januar 1976 erste Anzeichen einer Magersucht auf (Anorexia nervosa), die sich ab Mai 1976 steigerten. Innere Stimmen verboten ihr, irgend etwas zu essen, Anfälle von Heißhunger (Bulimie) traten auf, waren aber in der Unterzahl. Dies führte zu einer immer stärkeren Gewichtsabnahme. Bei ihrem Tod wog Anneliese 31 kg; er wurde hervorgerufen durch die ungeheure Schwächung des Allgemeinzustandes, extreme körperliche Belastungen (mehrere hundert Kniebeugen hintereinander) und eine auftretende Lungenentzündung.

Am 1. Juli 1976 starb Anneliese nachts um ein Uhr in ihrem Bett. Das Thema ihrer schriftlichen Prüfungsarbeit an der Universität Würzburg, die sie am 26. Mai 1976 abgegeben hatte, lautete: «Die Aufarbeitung der Angst als religionspädagogische Aufgabe».

4. Die Mystifikation des Geschehens nach dem Tode der Anneliese Michel

Bereits einen Monat nach dem Tod der Anneliese begann eine Kampagne der Mystifikation. Im August 1976 spielte ein Pfarrer in der Nähe von Klingenberg Tonbänder von Exorzismussitzungen in Gastwirtschaften ab; die Bänder wurden kopiert und als Anschauungsmaterial im süddeutschen Raum von entsprechend eingestellten Religionslehrern im Unterricht verwertet.

Eine zweite Welle der Mystifikation rollte an, als eine Karmelitin Botschaften von Anneliese zu erhalten glaubte mit deren Wunsch, noch vor der auf Ende März 1978 anberaumten Gerichtsverhandlung exhumiert zu werden. In diesen Botschaften bestätigte Anneliese, den Sühnetod gestorben zu sein, als Opfer für Deutschland, die deutsche Jugend und die Priester. Sie sei auserwählt, den Beweis für ein ewiges Leben zu führen. Dies werde offenbar, wenn man bei der Exhumierung ihre Unverwestheit entdecke. Allen Gläubigen werde dadurch klar, daß es eine Auferstehung gäbe, daß Gott sie vom Tode erwecken würde. Diese Information wurde dem Exorzisten, Pater Renz, übermittelt, der dafür sorgen sollte, daß die Exhumierung am 25. Februar 1978 stattfände.

Unter einem Vorwand erhielten die Eltern die Erlaubnis zur Exhumierung unter der Auflage, daß nur eine kleine Gruppe von Angehörigen und Freunden dabeisein dürfe.

Am Samstag, dem 25. Februar 1978, versammelte sich eine große Menschenmenge von Verehrern und Schaulustigen auf dem Friedhof mit gezückten Fotoapparaten, um das angekündigte Wunder sofort zu fotografieren. Auch ein Team des bayrischen Fernsehens war anwesend (Report-Sendung vom März 1978). Annelieses Sarg wurde ausgegraben, in die Leichenhalle gebracht, damit sie dort umgebettet werden könnte. In der Leichenhalle waren die Friedhofsbeamten sowie der Bürgermeister von Klingenberg. Nach der Öffnung des Sarges kam der Bürgermeister zu den Eltern Michel und sagte: «Anneliese ist, wie es nach eineinhalb Jahren nicht zu verwundern ist, verwest. Sie sieht schrecklich aus. Ich würde Ihnen empfehlen, gehen Sie nicht hinein. Sie haben in der Erinnerung an Anneliese aus früheren Zeiten ein schönes Bild von ihr: Lassen Sie sich das nicht zerstören!» (Goodman 1980, 223).

Das Gerücht von der Unverwestheit geht weiter, ebenso die Stilisierung in eine Märtyrerrolle. Bullinger, ein Freund der Familie Michel, hat 1981 eine Broschüre über «Das Leben und Sterben der Anneliese Michel und die Aussagen der Dämonen» veröffentlicht. Sie wurde jüngst in 3. Auflage von Vater Michel herausgegeben. Darin heißt es:

«Vier Evangelisten haben uns einst die wahre Lehre Christi aufgeschrieben und überliefert zu unserem Seelenheil im Auftrag von oben. Vier Dämonen, die Hauptsprecher beim Exorzismus in Klingenberg, nämlich Luzifer, Judas, Nero und Fleischmann, mußten uns nun durch ihre Aussagen an die wahre Lehre Christi erinnern, ebenfalls im Auftrag von oben, auch zu unserem Seelenheil, und damit einen Religionsunterricht geben, weil die Lehre Christi von katholischen Theologen zum Teil verfälscht und verwässert oder ignoriert wird.»
(Bullinger 1981, 49)

Hier schließt sich der Ring der Ereignisse. Der Familienroman, von dem ich am Anfang gesprochen hatte, hat seine Erlösung erfahren – um den Preis eines Menschenlebens und einer stabilisierten religiösen «Gemeinde».

5. Konsequenzen aus Klingenberg in der katholischen Kirche Deutschlands

Nach den Vorgängen in Klingenberg wurde von der Deutschen Bischofskonferenz eine Kommission zu Revision des Großen Exorzismus von 1614 eingesetzt – bestehend aus Theologen, Medizinern und Psychologen. In ihrer abschließenden Stellungnahme weist die Kommission ausdrücklich darauf hin, daß die in den «Normen» des Großen Exorzismus dargelegten Kriterien für eine «dämonische Besessenheit» aus theologischen und humanwissenschaftlich-medizinischen Gründen nicht mehr aufrechterhalten werden können und auch keine analoge Neuformulierung gestattet. In theologischer Hinsicht erscheinen heute besonders die anthropomorphen Züge des Dämonenglaubens bedenklich.

Aus der Sicht der Humanwissenschaften sind unhaltbare Praktiken vor allem: das Nennen von Zahl und Namen der Dämonen, die Art des Umgangs mit ihnen, die Gespräche (Spiele von Frage und Antwort) usw. Gegen derartige Praktiken muß eingewandt werden, daß sie einen Krankheitsbefund verdecken, verstärken und auf längere Zeit verfestigen können, so daß eine Heilung immer schwieriger, wenn nicht sogar aussichtslos wird.

6. Die Besessenheitsfrage in der evangelischen Kirche

In der evangelischen Kirche zeichnet sich eine derartige hierarchisch organisierte Gremienarbeit am Problem der Besessenheit ebensowenig ab wie in den anglikanischen Kirchen. Dies mag damit zusammenhängen, daß – vor allem im evangelischen Raum – das Problem einer «dämonischen Besessenheit» einen anderen Stellenwert hat: Es gab – wenn ich recht sehe – in der Geschichte des Protestantismus keine allgemeinverbindlichen, klar definierten Kriterien – wie etwa bei der katholischen Kirche – und auch keinen daraus abgeleiteten Auftrag zum Exorzismus mit entsprechenden Handlungsanweisungen.

Aber es gibt im evangelischen Raum ein bis heute tradiertes Paradigma: die Befreiung von einer dämonischen Besessenheit bei Gottliebin Dittus durch Pfarrer Blumhardt (1840–1843) (vgl. Mischo 1971; 1975a; Lang 1993). Wer die genauen Quellen studiert, ersieht, daß Pfarrer Blumhardt zu seiner Zeit intuitiv das Richtige getan hat, um eine «Befreiung» herbeizuführen.

Als eine mißglückte Form der Blumhardt-Imitation können die Exorzismen innerhalb einer evangelischen Brudergemeinde im «Haus am Berg» (1962/63) angesehen werden. Bei einer unverheirateten jungen Frau wurden nach einem Vortrag über Okkultismus und dessen satanische Auswirkungen und Gefahren «Dämonen» identifiziert. Nach dem Modell von Blumhardt begann man mit der Austreibung. Die Phänomene verstärkten sich, es meldeten sich «Stimmen der Finsternis» und «Stimmen des Lichtes». Die «Stimmen des Lichtes», mit Bibelzitaten gewappnet, forderten während der Exorzismen zunächst die Berührung der bloßen Haut, später – unter Berufung auf die Propheten des Alten Testamentes – das Nacktgebet. Vier weitere Schwestern der Bruderschaft zeigten Besessenheitserscheinungen. Es entsteht ein Teufelskreis, bei dem die Exorzisten den Gott gehörenden Leib und das Geschlechtsteil einsetzten, um aus dem Unterleib der Besessenen die Dämonen zu entfernen. Am 4. April 1964 wurde das erste der insgesamt drei exorzismusgezeugten Kinder geboren. Der Kommentar der Betroffenen lautet:

«Schließlich verlangte die ‹Wolke der Zeugen› als größtes Priesteropfer vom Pfarrer und einem seiner männlichen Helfer, mit ihrem geheiligten Leib den besessenen Schwestern geschlechtlich zu dienen und so aus ihrem Unterleib die Dämonen zu vertreiben, die dort eine letzte Zuflucht gefunden hatten. Diese außergewöhnlichen Maßnahmen erwiesen sich als gerechtfertigt, als die Finsternis bis auf kleine Reste entwich, die in der Form ‹schwarzmagischer Zeugungen› noch einige Zeit verweilten. Der Dämonenkampf war gewonnen.» (Lang 1993, S. 34)

Ein kirchliches Disziplinarverfahren wurde nicht eingeleitet; der theologische Aspekt der ungewöhnlichen Geschehnisse im «Haus am Berg» blieb, wie 120 Jahre zuvor bei Blumhardt, ungeklärt. Aber die Justiz schaltete sich ein, der Pfarrer bat um seine Entlassung (vgl. Lang 1993; Mischo 1971; 1975a).

Derartige Entgleisungen infolge einer Eigendynamik tragen die Gefahr in sich, daß Entwicklungen in ihrer Entstehungsgeschichte, ihren Abläufen und ihren Konsequenzen unaufgehellt bleiben.

Für die gegenwärtige Aufarbeitung innerhalb der Theologie und Seelsorge erscheint mir das Informationsblatt (Dezember 1995, Nr. 4, 32. Jg.) ebenso hilfreich wie zur Anregung künftiger Richtlinien. Diese sollten bei derartig schwierigen Fällen eine *interdisziplinäre Zusammenarbeit* anstreben, sich gegenseitig abstimmen und die optimale Lösung für die Kranken herausfinden. Ein Dialog ist gefordert zwischen Humanwissenschaften und Theologie. Dabei hat man es mit unterschiedlichen Partnern zu tun. Diese unterscheiden sich für den Bereich der Theologie zwischen katholisch und evangelisch nur in Nuancen.

Zur heutigen Situation in der evangelischen Kirche: Die exegetischen Arbeiten von Rudolf Bultmann (1941), die dogmatischen Aussagen von Karl Barth (1950) bis hin zu den Stellungnahmen von Kurt E. Koch (1981) bieten, allerdings in sehr unterschiedlichen Gewichtungen, für die gelehrte und praktizierte Theologie ein reichhaltiges Spektrum. Dies betrifft vor allem das «Rückgrat» der Besessenheitsdiagnose, das Verständnis vom Teufel und eines personalen Bösen und seiner Wirksamkeit.

Innerhalb der evangelischen Theologie sieht R. Bultmann im Rahmen seines Entmythologisierungsprogrammes die Besessenheitsbereiche des Neuen Testaments als Ausdruck eines mythischen Denkens, welche das Böse personifiziert. K. Barth hingegen vertritt die Auffassung, bei den Dämonen handle es sich um eine «wüste Sache», in die man sich nicht vertiefen dürfe, weil der Teufel gerade über das Interesse und Ernstfinden die guten Theologen erwischen würde. Barths psychologisches Argument, man solle an den Teufel nicht

116

glauben, wie man an Gott und an die Engel glaube, da man zu dem, was man glaube, ein positives Verhältnis habe, leuchtet ein. Doch wirft die Erläuterung der Existenz der Teufel mehr Probleme auf, als sie löst. Er sagt: «Sie (die Dämonen) sind nichtig, aber darum nicht nichts, sie sind nur uneigentlich» (Barth 1950, 613). In dezidierter Form zeigt Koch (1981) sechzehn Kriterien für die Diagnose «Dämonische Besessenheit» auf.

Der Katalog von Koch mit seinen sechzehn Kriterien (1981, 45–59) verdeutlicht den entgegengesetzten Pol zur Entmythologisierung. Eine große Bandbreite innerhalb der evangelischen Theologie – und Ähnliches könnte man auch in der katholischen Theologie von Rodewyk (1966) bis Haag (1978) feststellen – ermöglicht Theologen und Laien die Identifikation an jedem beliebigen Punkt der weit gesteckten Skala.

Die «Realenzyklopädie protestantische Theologie und Kirche» (1898) formuliert ihre Stellungnahme so:

«Die Beurteilung der Besessenheitserscheinungen ist nämlich von dem allgemeinen Weltbild abhängig, das im Bewußtsein des Kranken, der Ärzte und Geistlichen lebt. Trotz Aufklärung und Fortschritten der Naturwissenschaften ist die naive supranaturale Auffassung dieser Dinge auch noch heute keineswegs überwunden … Da wir Theologen keine kompetenten Beurteiler der vorliegenden psychischen Tatsachen sind, so haben wir Belehrungen anzunehmen von den Medizinern, die gerade in neuerer Zeit den Besessenheitserscheinungen ein sorgfältiges Studium gewidmet haben.»

Auch innerhalb der Psychologie und Psychiatrie bestand über einen längeren Zeitraum das Bedürfnis, «Grenzerfahrungen» im religiösen Bereich in vorhandene Klassifikationssysteme (DSM III-R, DSM VI, ICD 10) einzuordnen. Im Zuge einer innovativen Forschung haben wir uns entschlossen, in einer Ambulanz des Psychologischen Institutes der Universität Menschen mit «außergewöhnlichen Erfahrungen» zu begleiten. Das ist ein Angebot und eine Chance, um für alle Beteiligten aus der Gegenwart für die Zukunft neue Wege zu finden.

Literaturverzeichnis

Aggernaes, M. 1996: «The differential diagnosis between hysterical and epileptical disturbances of consciousness of twilight states», in: *Acta Psychiatrica Scandinavica Supplementum 185:* 1–101.

Auchter, Th. 1977: «Eine Teufelsneurose im 20. Jahrhundert. Der Fall Anneliese M.», in: *Wege zum Menschen 29:* 223–235.

Barth, K. 1950: *Kirchliche Dogmatik.* Zürich: TVZ.

Bender, H. 1959: «Parapsychologie und Radiästhesie», in: *Zeitschrift für Parapsychologie und Grenzgebiete der Psychologie 3:* 140–148.

Bleuler, M. 1979: *Lehrbuch der Psychiatrie.* Berlin/Heidelberg/New York: Springer, 14. Aufl. (darin Kapitel XI: «Epilepsien», S. 349–390).

Bullinger, K. 1979: *Unschuldig verurteilt. Ein Laie sagt seine Meinung im Aschaffenburger «Exorzistenprozeß».* Altötting: Ruhland.

Bullinger, K. 1981, 1983[2]: Das Leben und Sterben der Anneliese Michel und die Aussagen der Dämonen. Altötting: Ruhland.

Ellenberger, H. F. 1973: *Die Entdeckung des Unbewußten.* 2 Bde., Bern: Huber.

Engelmeier, M.-P. 1980: «Exorzismus als therapeutische Me-

118

thode – Einige psychiatrische Anmerkungen», in: Engelmeier, M.-P. & Scheffczyk, L. (Hgg.): *Exorzismus heute? Der Arzt und das abgründig Böse* (= Schriften des Ärzterates im Bistum Essen, Band 3). St. Augustin: Wort und Werk, S. 9–32.

Ernst, C. 1972: *Teufelsaustreibungen*. Bern: Huber.

Ernst, C. 1979: «Der Exorzismus», in: Condrau, G. (Hrsg.): *Psychologie des 20. Jahrhunderts, Bd. XV.* Zürich: Kindler-Verlag, S. 717–725.

Fischer, K. P. & Schiedermair, H. 1980: *Die Sache mit dem Teufel*. Frankfurt: Knecht.

Figge, H. H. 1970: «Besessenheit als ‹Therapie›», in: *Zeitschrift für Parapsychologie und Grenzgebiete der Psychologie 12:* 207–225.

Goodman, F. D. 1980: *Anneliese Michel und ihre Dämonen*. Stein am Rhein: Christiana.

Greaves, G. B. 1980: «Multiple personality. 165 years after Mary Reynolds», in: *Journal of Nervous and Mental Disease 168:* 577–596.

Haag, H. 1978: *Abschied vom Teufel*. Zürich: Benzinger.

Höffner, J. 1976: *Teufel – Besessenheit – Exorzismus*. Interview mit Kardinal Joseph Höffner. Sonderdruck Nr. 45 des Presseamtes des Erzbistums Köln, S. 19–22.

Horton, P. & Miller, D. 1972: «The etiology of multiple personality», in: *Comprehensive Psychiatry 13:* 151–159.

Huxley, A. 1978: «Die Teufel von Loudun», in: *Informationsblatt* (Hg. Evangelische Orientierungsstelle «Neue religiöse Bewegungen in der Schweiz») *1995, Nr. 4, Jg. 32.* München: Piper.

Kerner, J. 1834: *Geschichten Besessener neuerer Zeit*. Stuttgart: Wachendorf.

Koch, K. E. 1981: *Besessenheit und Exorzismus*. Basel: Brunnen.

Köhler, G. K. 1982: «Kasuistische Beiträge zur multifaktoriellen Betrachtungsweise forensisch relevanter Psychosen bei Epilepsie», in: *Interdisziplinäre Problemgebiete. Referate der Jahresversammlung der Bayerischen Nervenärzte 1979* (= Günzburger Schriften zur Klinischen Psychiatrie, Band 4), S. 55–76.

Lang, R. 1993: *Glauben Sie an den Teufel?* Arbeitskreis Grenzgebiete: Öhringen.

Lester, D. 1977: «Multiple personality: a review», in: *Psychology 14* (No. 1): 54–59.

Mester, H. 1979: «Teufel, Dämonen, Besessenheit – Fragestellungen aus psychiatrischer Sicht», in: *Holthausener Manuskripte, Nr. 1*, Ludwig-Windthorst-Haus, Holthausen bei Lingen, S. 40–89.

Mester, H. 1981 b: «Besessenheit – psychodynamisch betrachtet» in: *Psychotherapie und medizinische Psychologie 31:* 101–112.

Mesulam, M. M. 1981: «Dissociative states with abnormal temporal lobe EEG. Multiple personality and the illusion of possession», in: *Archives of Neurology 38:* 176–181.

Meyer, B. 1977: *Mahnungen aus dem Jenseits über die Kirche in unserer Zeit.* Trimbach: Marianisches Schriftenwerk.

Meyer, B. 1979: *Verworfener Priester warnt vor der Hölle.* Olten: Born.

Mischo, J. 1971: «Psychologische Aspekte der Besessenheit», in: *Zeitschrift für Parapsychologie und Grenzgebiete der Psychologie 13:* 69–94.

Mischo, J. 1975a: «Interdisziplinäre, diagnostische und psychohygienische Perspektiven bei Fällen von ‹dämonischer Besessenheit›», in: *Concilium 11:* 188–198.

Mischo, J. 1975b: «Interdisziplinäre Aspekte bei Fällen von ‹dämonischer Besessenheit›», in: *Saarländisches Ärzteblatt 28:* 378–383.

Mischo, J. 1978: «‹Dämonische Besessenheit› – Zur Psychologie irrationaler Reaktionen», in: Kasper, W. & Lehmann, K. (Hgg.): *Teufel, Dämonen, Besessenheit. Zur Wirklichkeit des Bösen.* Mainz: Grünewald, S. 99–146.

Mischo, J. & Niemann, U. 1983: «Die Besessenheit der Anneliese Michel (Klingenberg) in interdisziplinärer Sicht», in: *Zeitschrift für Parapsychologie und Grenzgebiete der Psychologie 25, Nr. 3/4.*

Mumenthaler, M. 1979: *Neurologie.* Stuttgart: Thieme, 6. Aufl. (darin: «Anfälle und Bewußtseinsstörungen», S. 280–307).

Niemann, U. J. 1982: «Besessenheit – Teufelswerk und/oder Psychose?», in: *Orientierung 46:* 195–199.

Peters, U. H. 1982: «Psychiatrische Probleme epileptischer Anfallsleiden», in: *Nervenheilkunde 1* (Heft I): 35/16–43/21.

Poeck, K. 1974: *Neurologie.* Berlin/Heidelberg/New York: Springer, 3. Aufl. (darin: «Die Epilepsie», S. 185–205).

Prince, M. 1905: *The Dissociation of a Personality.* London: Longmans, Green.

Prince, M. & Prince, W. F. 1932: *Die Spaltung der Persönlichkeit.* Stuttgart: Kohlhammer.

Rabe, F. 1970: *Die Kombination hysterischer und epileptischer Anfälle.* Berlin/Heidelberg/New York: Springer.

Rahner, K. 1960: *Visionen und Prophezeiungen.* Basel: Herder.

Rodewyk, A. 1966: *Dämonische Besessenheit heute. Tatsachen und Deutungen.* Aschaffenburg: Pattloch.

Rodewyk, A. 1975: *Die dämonische Besessenheit in der Sicht des Rituale Romanum.* Aschaffenburg: Pattloch.

Schenk, L. & Bear, D. 1981: «Multiple personality and related dissociative phenomena in patients with temporal lobe epilepsy», in: *American Journal of Psychiatry 138:* 1311–1316.

Schmidt, D. 1981: *Behandlung der Epilepsien.* Stuttgart: Thieme.

Schrappe, O. 1982: «Der Weg von Epilepsie zur ‹Besessenheit›. Über A. M. und ihre Anfallskrankheit», in: *Nervenheilkunde. Zeitschrift für interdisziplinäre Fortbildung 1* (Heft I): 59/33–65/39.

Schulz, E. 1979: «Besessenheit und Exorzismus im Jahre 1976», in: *Zeitschrift für Rechtsmedizin 82:* 313–321.

Sutcliffe, J. D. & Jones, J. 1962: «Personal identity, multiple personality, and hypnosis», in: *International Journal of Clinical and Experimental Hypnosis 10:* 231–269.

Taylor, W. S. & Martin, M. F. 1944: «Multiple personality», in: *Journal of Abnormal and Social Psychology 39:* 281–300.

Trowbridge, G. R. 1891: «A case o epilepsy with double consciousness», in: *Medical News 50:* 201–202.

Watzlawick, P., Beavin, J. H. & Jackson, D. D. 1972: *Menschliche Kommunikation*. Bern: Huber, 3. Auflage.

Dämonische Persönlichkeitsanteile und Befreiungsdienst – Ein Erfahrungsbericht

Rudolf Mahler

Im Erfahrungsspektrum seelsorgerlicher Begleitung und Beratung von Einzelpersonen sowie der liturgisch-pastoralen Tätigkeit im Bereich von Segnungsgottesdiensten begegnen immer wieder Fälle, die aufgrund ihrer außerordentlichen Intensität ein besonderes Gebetshandeln der verantwortlichen Pastoren und Leiter erfordern. Phänomenologisch unterscheiden sich solche Situationen zunächst nicht von solchen, wie sie bei Personen mit psychotischen Kontrollverlusten zu beobachten sind. So gilt es in der Regel auch stets, die möglichen psychopathologischen Zusammenhänge abzuklären, bevor eventuell kurzschlüssige Belastungsdiagnosen gestellt werden. Systematisch-diagnostisch vorgenommene befreiungsdienstliche Handlungen (betendes Gebieten den Dämonen und Fremdmächten u. ä.) sollten nur in koordinativer Übereinstimmung mit analytischen Diagnosen erfolgen. Die Mehrzahl der Fälle, in welchen es zu befreiungsdienstlichen Aktivitäten kommt, sind jedoch spontan und akut, d. h. sie erlauben situationsbedingt keine weitgefächerte analytische Diagnose. Sie treten unvorhergesehen und mit großer Heftigkeit in Kontexten auf, die gleichsam im Sinne erster Hilfe eine Intervention vor Ort erfordern, noch bevor eventuelle stationäre Hilfsangebote in Anspruch genommen werden können. Solche Manifestationen sind in gewissen Fällen auch für die Betroffenen selbst und die Anwesenden von akuter Gefährlichkeit – Letzteres in etwa vergleichbar mit den für Helfer bedrohlichen Reaktionen eines Ertrinkenden. In solchen Fällen ist entschiedenes Handeln im Glauben und im Vertrauen auf Gottes Wort und die Gegenwart seines Geistes gefragt.

Im folgenden will ich von zwei solchen Fällen berichten, die sich sowohl aufgrund der Akutheit ihres situativen Auftretens als auch – Gott sei Dank! – durch den akuten Erfolg der Intervention im obigen Sinne exemplarisch nennen lassen.

Der erste Fall betrifft eine junge Katholikin, die im Rahmen eines Seminars über therapeutische Seelsorge vom Angebot zu einem Beratungsgespräch Gebrauch machte. Sie berichtete von Schwierigkeiten im Ablösungsprozeß von ihren Eltern und einer gewissen nekrophilen Neigung (Beziehungslosigkeit, Hang zum Leblosen). Das Gespräch zeigte keine akuten psychischen Störungen, geschweige denn ein eigentliches hysterisches Krankheitsbild. Das Beratungsgespräch nahm einen durchaus normalen Verlauf. Auch während der abschließenden Gebetszeit gab es keine außergewöhnlichen Vorkommnisse.

Das Seminar wurde mit einer gemeinsamen Abendmahlsfeier beendet. Die Frau verließ die Runde ziemlich überstürzt, während das Abendmahl ausgeteilt wurde. Nach Beendigung der Feier hielten sich einige Teilnehmer des Seminars in der Cafeteria der Tagungsstätte auf, auch wir, d. h. meine Frau und ich. Ein junger katholischer Pfarrer, der selber zu den Seminarteilnehmern gehörte, kam auf mich zu und berichtete, daß die besagte junge Frau, die er als Gemeindeglied gut kenne, auf ihrem Zimmer sei und sich offenbar in einer akuten, psychoseähnlichen Krise befinde.

Zusammen mit dem Pfarrer suchten wir die Frau auf ihrem Zimmer auf und stellten fest, daß sie zwar ansprechbar war, aber in ihrem ganzen psychischen und motorischen Verhalten eigenartig verändert erschien. Kaum hatten wir begonnen, mit ihr über ihren Zustand, sowohl körperlich als auch psychisch, zu reden, begann sie uns auszulachen und aufs massivste zu beschimpfen. Eine Unterhaltung war nicht mehr möglich, und so begannen wir zu dritt, mit der Frau zu beten, die in der Zwischenzeit zunehmend die Kontrolle über sich zu verlieren schien, wurde sie doch zeitweise von heftigen krampfähnlichen Störungen hin und her geworfen. Dazwischen schien sie phasenweise äußerlich ruhig und gefaßt, äußerte sich aber verbal überaus befremdlich, z. B. in der dritten Person über sich selbst. Unser Gebet um Friede für Körper und Seele der Frau im Namen Jesu hatte zur Folge, daß besagte Manifestationen, vor allem diejenigen verbaler Natur, immer heftiger wurden.

Nach etwa einer halben Stunde hatten wir definitiv den Eindruck, daß es sich bei den vorliegenden Störungen weniger um ein rein psychisches Phänomen, etwa eine Schizoide Regression von Teilen ihrer Persönlichkeit, handelte, sondern auch um ein Problem geistlicher Fremdherrschaft. Die Frau schien einerseits durchaus bei Verstand zu sein, war aber offensichtlich eine ganz andere Person als diejenige, die wir im Verlauf der Woche erlebt hatten (der junge Pfarrer kannte sie bereits wesentlich länger). Wir begannen, in unseren Gebeten den Sieg Jesu über alle Mächte der Finsternis zu rühmen, worauf die Reaktionen der Frau in Form von Verspottungen und Lästerungen zunahmen. Schließlich meldeten sich die personal wirksamen Personmächte direkt und gaben kund, daß sie nicht bereit seien, die Frau als ihren Machtbereich aufzugeben. Die Frau befand sich mittlerweile in einem Zustand zwischen völliger Apathie und wilder Agitation. Wir fuhren fort, den Namen unseres Herrn Jesus zu rühmen, und befahlen den Mächten, in diesem Namen zu weichen. Lange Zeit änderte sich nichts Wesentliches am Zustand der Frau. Erst nach ca. anderthalb Stunden kam es zu einer Beruhigung und Normalisierung im Verhalten und in den Äußerungen. Das Ich der Frau begann sich wieder zu melden, und eine Bewußtheit ihrer selbst kam zurück. Dabei zeigte sich mehr und mehr, daß sie von den Vorgängen der letzten zwei Stunden kaum etwas wußte. Die Frau bezeugte am folgenden Tag eine spürbare innere Befreiung von Gefühlen und Gedanken der Entfremdung und der Todessehnsucht und war unübersehbar freier in den Begegnungen mit den Mitmenschen.

Der zweite Fall betrifft einen jungen Mann, ein Mitglied auf Zeit in unserer Lebensgemeinschaft. In Gesprächen mit ihm war verschiedenen Beratern aufgefallen, daß er, sobald zentrale geistliche Inhalte berührt wurden, auffällig müde wurde und einzuschlafen drohte. Er wurde gefragt, wie er sich fühle, und antwortete darauf, er könne nichts gegen diese Müdigkeit tun, sie komme gleichsam wie eine Decke über ihn, die ihn lähme und seine Glieder bleiern werden lasse. Im weiteren fügte er an, er könne dann auch nur noch mit Mühe klar denken oder sich willentlich entscheiden. Die Lebensgeschichte dieses Mannes war uns ziemlich gut vertraut, da wir schon einige Monate mit ihm zusammenlebten. Aus diesem Grunde war uns auch bekannt, daß er sich früher aktiv mit okkulten Machenschaften eingelassen hatte. Wir fragten ihn, ob er einverstanden sei, sich von gewissen Machtstrukturen in seiner Vergangenheit zu lösen und darin bewußt der Kraft Jesu zu vertrauen. Er bejahte, und es folgte ein Gebet um Befreiung, welches der Betroffene einem der Seelsorger nachbetete. Nach diesem Gebet wurden die Manifestationen noch drastischer, und es machte zeitweise den Eindruck, als verliere der Mann gänzlich die Kontrolle über seine Grobmotorik. Erst das anhaltende Gebet und das segnende Auflegen der Hände vermochte zu einer Beruhigung des Gesamtzustandes beizutragen. In der Folge erwies es sich – nach dem Zeugnis des Betroffenen selbst und aufgrund des äußeren Eindruckes, den er auf uns machte –, daß es im nun wesentlich leichter fiel, sich in Gesprächen und während Predigten zu konzentrieren und den Inhalt aufzunehmen. Er ist heute Mitglied und Mitarbeiter in einer evangelischen Freikirche.

Es gäbe eine Vielzahl ähnlicher Beispiele. Die aufgezeigten Fälle sollen stellvertretend für all diejenigen stehen, in denen Menschen durch das seelsorgerliche Gebet um Befreiung von Fremdherrschaft im Bereich ihrer Persönlichkeit Erneuerung und Wiederherstellung und generell ein freieres Mensch- und Christsein erfahren haben. Das Geschehen der Befreiung kann dabei äußerlich relativ spektakulär wie im ersten Fall oder unspektakulär wie im zweiten vonstatten gehen. Entscheidend ist das Resultat: größere persönliche Freiheit und damit ein Gewinn an Identität und Beziehungsfähigkeit. Dasselbe Ergebnis wird freilich oft auch auf anderem Wege erreicht: auf dem Wege der Verkündigung des Evangeliums im Wort der Predigt und im Feiern der christlichen Gemeinschaft. Der Weg ist nicht das Wesentliche, er besteht auch nie nur aus seelsorgerlichen Interventionen, sondern zum größten Teil aus anderen Schritten im Glauben; das Ziel ist es, welches zählt: die Freiheit der Liebe Christi als das Siegel der Gotteskindschaft, zu welcher der gläubige Mensch berufen ist. Einander zu helfen, in dieses neue Menschsein hineinzuwachsen, ist edelste Pflicht in der christlichen Kirche. Befreiungsdienst ist Liebesdienst, der nur ein Ziel hat: mehr Raum zu schaffen in uns für die Liebe Gottes, die uns in Christus geschenkt ist.

«Erlöse uns von dem Bösen!»

Walter J. Hollenweger

Nach dem Zeugnis einer breiten biblischen Tradition
haben alle Menschen den Heiligen Geist, sonst würden
sie gar nicht leben. Ja, das Alte Testament geht im
Buche Hiob sogar so weit, daß es dem Satan Zutritt zu
Gott gibt und ihn sozusagen zum Stabschef der himmli-
schen Heerscharen macht[1]. Ähnliche Gedanken finden
wir auch bei Zwingli, der keinen Dualismus zwischen
dem Gott des Lichts und dem Fürsten dieser Welt vertritt, sondern das Dunkle als Bestandteil Gottes sieht.
Das führt in der Praxis zu Konsequenzen.

Im Neuen Testament finden wir viele Geschichten
von Teufelsaustreibungen. Diese müssen auf ein histori-
sches Substrat zurückgehen. Es ist m. E. nicht denkbar,
daß die Evangelisten Jesus als Exorzisten oder Heiler
darstellen, ohne daß es die Tradition der Dämonen-
austreibung sowohl bei Jesus wie auch in der frühen
Christenheit gab. Dabei fallen aber die Unterschiede
zwischen den damaligen außerchristlichen Dämonen-
austreibungen und den christlichen auf[2].

Der wichtigste Unterschied scheint mir zu sein, daß
bei den Christen die Dämonen, die «unreinen Geister»
(oder wie immer sie benannt werden), nicht beschrieben werden. Das Neue Testament interessiert sich nicht

für die Frage: Wer oder was sind sie? Es gibt keine Ontologie des Bösen im Neuen Testament. Jesus lehrt seine Jünger nicht beten: «Erkläre uns das Böse!», sondern: «Erlöse uns von dem Bösen!» Es wird zwar beschrieben, wie dieses Böse, diese Böse oder dieser Böse erfahren wird, nicht aber, was er oder sie oder es ist. Das hat mit der Sprachstruktur des Hebräischen und Aramäischen zu tun. Die «Ist-Fragen» sind für die Bibel uninteressant. Zudem gibt es das Verbum «sein» nicht im Hebräischen oder Aramäischen. Die Bibel interessiert sich vielmehr für die Frage: «Wie begegnet uns das Böse?» In dieser Beziehung ist sie sehr modern, können wir doch auch in den Naturwissenschaften nicht mehr sagen, was ist, sondern nur: wie uns – oder unseren Beobachtungsinstrumenten – etwas begegnet[3]. Meine Kollegen der naturwissenschaftlichen Fakultät an der Universität Birmingham haben die Hände verworfen, als ich sie zum Beispiel fragte: «Was ist Materie?» «Wenn wir das wüßten», sagten sie, «hätten wir den Nobelpreis bekommen. Wir wissen es nicht. Wir wissen nicht einmal, ob es so etwas wie Materie gibt.»

Aus diesen Beobachtungen ziehe ich praktische Folgerungen für unser Thema:

1. Wenn jemand zu mir kommt und sagt: «Ich bin besessen», antworte ich nicht: «Nein, Sie sind nicht besessen, Sie haben lediglich eine Schizophrenie oder eine Psychose.» Ich werde auf die Diagnose des Klienten eingehen – allerdings ohne sie zu bestätigen. Wenn aber jemand kommt und sagt: «Ich habe eine psychische Krankheit», sage ich nicht: «Nein, das ist nicht der Fall: Sie sind besessen», sondern ich bete

130

für ihn oder sie, schicke sie oder ihn aber gleichzeitig in psychiatrische Behandlung – was ich übrigens auch im ersten Fall tue.

2. Wir waren alle sehr betroffen von der Darstellung des Falles der Anneliese Michel[4]. Immerhin muß festgestellt werden: Die Mediziner haben ihre Chance gehabt und versagt. Die Psychotherapeuten haben ihre Chance gehabt und versagt. Die Priester haben ihre Chance gehabt und versagt. So stellt sich die Frage: Was ist die Alternative? Vielleicht eine bessere Koordination der verschiedenen Disziplinen?

Ein Beispiel: Nach einem Gottesdienst sprach mich eine Frau an und erklärte mir, sie leide unter Platzangst. Ich fragte sie sofort, ob sie in psychiatrischer Behandlung sei, was sie bejahte. Ich empfahl ihr, ihre Behandlung nicht zu unterbrechen. Unter dieser Bedingung war ich bereit, sie wöchentlich oder vierzehntägig zu sehen und mit ihr zu beten. Ich betete einen Psalm oder das Unser Vater. Nach kurzer Zeit fing sie an, mir Briefe zu schreiben und aufgeschriebene Träume mitzubringen. Ich las sie und fand sie aufschlußreich, dankte ihr für das Mitgebrachte, ging aber nicht darauf ein – denn das war weder meine Rolle, noch war ich kompetent in diesen Sachen.

Nach kurzer Zeit besserte sich ihr Zustand so weit, daß ich sie nicht mehr sehen mußte. Gleichzeitig besuchte ich ein psychiatrisches Klinikum am Kantonsspital. Der Dozent lud uns ein, eigene Krankengeschichten zur Diskussion mitzubringen. Da ich die schriftlichen Unterlagen der Frau hatte, konnte ich eine schöne Krankengeschichte rekonstruieren. Außer mir waren alle übrigen Teilnehmer am Klinikum Ärzte. Als ich meine Geschichte vorgetragen hatte, wurde ich von den anwesenden Ärzten arg beschimpft: «Was fällt Ihnen eigentlich ein, daß Sie als Pfarrer in ein Gebiet eindringen, für das Sie nicht qualifiziert sind! Schuster, bleib bei deinen Leisten, usw.» Zum Glück kam mir der Dozent zu Hilfe: «Was hat denn der Pfarrer falsch gemacht? Er hat die Patientin nicht vom Besuch des Psychiaters abgehalten. Beten wird man doch wohl noch dürfen. Im übrigen», fügte er zur allgemeinen Verblüffung bei, «bin ich der Psychiater gewesen, der die Frau behandelte.» Er stellte fest, daß er monatelang mit der Frau gearbeitet, aber nichts bewegt hatte. Und da kommt dieser Pfarrer und spricht ein paar Gebetlein, und die Frau kommt aus dem Tunnel heraus, die Behandlung greift und sie wird gesund.

«Wie erklären Sie sich das?» frage ich den Psychiater. «Könnte es sein, daß das Gebet mit Wirklichkeiten in Verbindung bringt, die Sie nicht kennen?» Der Psychiater lächelte: «Die Hypothese Gott ist in diesem Falle nicht zwingend», erwiderte er. «Es genügt einfach festzustellen: Die Frau ist geheilt worden. Wir wissen nicht, wie. Oder vielleicht läßt sich die Sache auch so erklären: Es gibt Menschen, von denen eine integrierende Kraft ausgeht. Sie gehören wahrscheinlich zu diesen. Darum ist die Frau geheilt worden.»

3. In der Dritten Welt habe ich beobachtet, daß den «Äußerlichkeiten» im Heilungs- und Befreiungsritus

sehr viel Aufmerksamkeit geschenkt wird. Zum Beispiel geht der Pfarrer mit den am Exorzismus Beteiligten in die Kirche, zündet eine Kerze an, zieht den Talar an und spricht eine Austreibungsformel. Nicht etwa, weil Talar und Kerzen die Dämonen vertreiben, aber weil so der Patient merkt, daß er ernst genommen wird in seiner Not nach dem Vorbild jenes Arztes, der mir sagte: «Mein weißer Arztkittel hat mehr Kranke geheilt als meine Medizin.»

4. Ich habe festgestellt, daß sogenannte freie Gebete problematisch sind. Wir haben in der Tradition der Kirche (in den Psalmen, im Gesangbuch) bewährte Exorzismusformeln, die sich besser eignen als das Geschrei, das manchmal bei modernen Exorzismen ertönt, zum Beispiel:

Trotz dem alten Drachen,
Trotz des Todes Rachen,
Trotz der Furcht dazu.
Tobe, Welt, und springe:
Ich steh hier und singe
In gar sichrer Ruh.
Gottes Macht hält mich in Acht;
Erd' und Abgrund muß sich scheuen,
Ob sie noch so dräuen.
Weicht ihr Trauergeister,
Denn mein Freudenmeister,
Jesus, tritt herein.

Es würde sich für uns Protestanten lohnen, das Gesangbuch auf solche Formeln hin abzuklopfen. Sie sind zahlreicher, als wir meinen.

5. Ob ein Exorzismus auch im Gemeindegottesdienst durchgeführt werden kann, hängt von zwei Bedingungen ab: Erstens muß die Gemeinde das verstehen und dahinterstehen. Er darf nicht vom Pfarrer allein durchgeführt werden. Zweitens müssen wir einen Ritus finden, der sich in die Liturgie einfügen läßt. Ich glaube diesen Ritus im Salbungsritus gefunden zu haben, der in vielen Kirchen der Schweiz und weltweit durchgeführt wird[5]. Jedenfalls soll bei einem solchen Ritus kein Theater aufgeführt werden, denn sehr oft entstehen Besessenheitsphänomene als Induktion, als Übertragung des Exorzismus. Der Exorzist produziert zuerst die Krankheit, die er dann vor aller Augen wieder heilt. Wenn das unbewußt geschieht, ist es um so gefährlicher. Das ist selbstverständlich ein Mißbrauch. Der Exorzismus soll dem *Patienten* helfen und nicht die Vollmacht des Exorzisten demonstrieren.

6. Ich halte eine genaue Differentialdiagnose zwischen Besessenheit und psychischen Krankheiten für unmöglich und für unnötig. Einer der Tagungsteilnehmer in Zürich erzählte von einem Exorzismus, wo es nachher stark nach Schwefel gerochen habe. Daraus wollte er die Tatsächlichkeit des Exorzismus ableiten. Solche «Beweise» sind aber unnötig und auch nicht überzeugend. Die Auskunft des Podiums, es habe sich um Halluzination gehandelt, ist zwar möglich, aber viel naheliegender ist eine andere Auskunft. Die meisten Menschen produzieren bei starken emotionalen Erregungen Gerüche. Warum nicht auch Schwefelgerüche? Zudem findet sich in

der Bibel kein Zusammenhang zwischen Schwefel und Dämonen. Diese Vorstellung kommt aus anderen Quellen, zum Beispiel von Dante.

Ein bekannter Psychiater sagte mir: «Die einzige zuverlässige Diagnose für Besessenheit ist ein erfolgreicher Exorzismus.» Man kann es also erst im nachhinein feststellen, sofern das überhaupt nötig ist. Wenn jemand sagt: «Ich bin besessen», dann *ist* er es, oder er hat Angst, es zu sein. In beiden Fällen ist ein Versicherungsritus zur Ichstärkung dieses Menschen in einem geschützten Raum angebracht. Das hilft auch einer gleichzeitigen ärztlichen Therapie. Niemals würde ich zu einem Menschen sagen: «Du bist besessen.» Das hat übrigens Jesus nie gemacht. Die andern haben das immer behauptet. Jesus hat diesen Urteilen insofern widersprochen, als er das Recht von irgendjemandem oder irgendetwas, einen Menschen zu kontrollieren, bestritten hat. Er hat auch die «Dämonen» nicht zerstört[6]. Er hat ihnen nur den Platz in einem Menschen streitig gemacht. Man hat manchmal den Eindruck, Besessenheit im Neuen Testament sei, wenn etwas «verrückt» ist, wenn etwas, das vielleicht sogar nötig ist (z. B. der Satan im Buche Hiob), einen falschen Platz beansprucht.

7. Vor Jahren hat mich das BBC zu diesem Thema interviewt. Die Journalisten hörten sich meine Darlegungen an, waren aber nicht zufrieden. «Das ist eine seelsorgerliche Antwort», sagten sie, «aber gibt es objektiv gesehen Dämonen?» Das aber genau weiß ich nicht und muß ich auch nicht wissen. Ich muß nur wissen, wie ich mit Menschen umgehe, die un-

ter solchem leiden. Unbefriedigt gingen die Journalisten zum berühmtesten Psychiater in England, zu Dr. Laing in Oxford und fragten ihn: «Könnten Sie sich vorstellen, besessen zu sein?» «Das könnte ich mir sehr wohl vorstellen», sagte der Psychiater zu ihrer Verblüffung. «Aber Sie sind doch ein moderner Mensch. Sie würden doch nicht von Besessenheit reden, sondern von Schizophrenie oder Ähnlichem?» «Ja, sehen Sie», antwortete Dr. Laing, «das sind beides Etiketten für Dinge, von denen wir herzlich wenig verstehen.»

Mir scheint, daß solche Bescheidenheit auch einem evangelischen Theologen sehr wohl anstehen würde.

ANMERKUNGEN

1 Siehe dazu das Mysterienspiel *Hiob im Kreuzfeuer der Religionen*. Verlag Metanoia, CH 8963 Kindhausen.
2 Siehe oben den Beitrag von Professor Annen.
3 Ausführlich diskutiert – auch in bezug auf «Geist und Geister» – in Walter J. Hollenweger, *Geist und Materie*. Kaiser, München 1988.
4 Siehe oben den Beitrag von Prof. Mischo. Im übrigen hat der betreffende Priester die Erlaubnis zum Exorzismus beim Bischof eingeholt, was vielleicht doch einige Fragezeichen an der Wirksamkeit dieser von Kaplan Joachim Müller vorgestellten Methode der katholischen Kirche erlaubt.
5 Dieser Salbungsritus ist unterdessen auch in die Liturgieformulare eingegangen, siehe z. B. das neue Evangelische Gesangbuch Bayern. Es gibt auch eine offizielle Liturgie der VELKD (Vereinigte Evangelisch-Lutherische Kirche

Deutschlands). Die Evangelisch-Reformierte Landeskir-
che des Kantons Zürich hat eine instruktive Mappe herausgegeben zum Thema (erhältlich von der Abteilung für
Kirchenmusik [!], Kirchenrat des Kantons Zürich). Der
Schweiz. Ev. Kirchenbund (Bern) arbeitet seit längerem
an diesem Thema (Unterlagen von Pfarrerin Th. Marthaler,
SEK). Manuela Liechti hat eine Diplomarbeit an der Universität Bern zum Thema verfaßt *(Die Guttat zu Ölen*,
Verlag Metanoia, CH 8963 Kindhausen).

6 Dieser Aspekt wird besonders betont in der Balettliturgie
«Der Knabe und die Mondin». Siehe Bodo Leinberger
(Hg.), *Getanztes Leben. Heilende Liturgie.* Wort im Bild,
Hammersbach 1993.

Die Autoren dieses Bandes

Joachim Müller
Katholischer Theologe in Balgach (St. Gallen), Präsident der Schweizerischen Katechetenvereinigung und Kopräsident der Ökumenischen Arbeitsgruppe «Neue religiöse Bewegungen in der Schweiz»

Franz Annen
Professor für Neues Testament an der Theologischen Hochschule Chur

Dieter Sträuli
Psychotherapeut und wissenschaftlicher Mitarbeiter an der Universität Zürich

Theo Glantz
Psychoanalytiker in Zürich

Georg Schmid
Professor für Religionswissenschaft in Zürich, Kopräsident der Ökumenischen Arbeitsgruppe «Neue religiöse Bewegungen in der Schweiz»

Johannes Mischo
Professor und Leiter der Abt. Psychologie und Grenzgebiete der Psychologie an der Universität Freiburg i. Br.

Rudolf Mahler
Evangelischer Pfarrer in Zürich

Walter J. Hollenweger
Emerit. Professor für Missionswissenschaft, Lehrbeauftragter an der Universität Bern

Weltanschauungen
im Gespräch

Hemminger – Sturmius-M. Wittschier – Ivo Meyer – Walter J. Hollenweger – Joachim Müller

Band 9
Apokalyptische Ängste – christliche Hoffnung
Beiträge von: Otto Bischofberger – Armin Beeli – Walter Bühlmann – Jan Milic Lochmann – Joachim Müller

Band 10
Der Islam in Bewegung
Begegnung oder Konfrontation?
Beiträge von: Otto Bischofberger – Peter Antes – Smail Balić – Ludwig Hagemann – Carl-A. Keller – Jacques Waardenburg

Band 11
Der magische Kreis
Magie und Mystik
Beiträge von: Joachim Müller – Carl-A. Keller – Georg Schmid – Sturmius-M. Wittschier

Band 12
Okkultismus
Begegnung mit dem eigenen Schatten
Beiträge von: Georg Schmid – Eberhard Bauer – Georg Bienemann – Bernhard Wenisch – Christa Zöller

Band 13
Anthroposophie und Christentum
Eine kritisch-konstruktive Auseinandersetzung
Beiträge von: Joachim Müller – Cornelius Bohlen – Hans Buser – Joachim Finger – Bernhard Grom – Andreas Heertsch – Martin Scheidegger – Georg Schmid – Georg Otto Schmid – Carlo Willmann

Band 14
Das neue Heidentum
Rückkehr zu den alten Göttern oder neue Heilsbotschaft?
Beiträge von: Otto Bischofberger – Peter Hölzle – Stefanie von Schnurbein

Paulusverlag Freiburg Schweiz